増補新版

蓮實重彦
Shiguéhiko Hasumi

映画への不実なる誘い
国籍・演出・歴史

青土社

映画への不実なる誘い　国籍・演出・歴史　増補新版

目次

第一章～第三章は、「せんだいメディアテーク」(宮城県仙台市)に於いて、二〇〇二年から〇三年に行なわれた連続講演「映画への不実なる誘い」の記録に加筆・修正を加えたものである。本書は、『映画への不実なる誘い　国籍・演出・歴史』(NTT出版、二〇〇四年)に、新たにテクストを加えた増補新版である。

講演データ

名称：蓮實重彥　映画への不実なる誘い

場所：せんだいメディアテーク七階スタジオシアター

主催：せんだいメディアテーク

協力：ＭＵＢＥ

期日：第一回「映画における国籍」二〇〇二年一一月二三日

　第二回「映画における演出」二〇〇二年一一月二四日

　第三回「映画における歴史」二〇〇三年二月一五日

（第三回のための参考上映『映画史』二〇〇三年二月九日）

本書の図版について

講演において上映された箇所については、その講演の学術性を鑑み、関係各所の協力によるスティル写真のほか、内容の理解に資する範囲で可能なかぎりビデオグラムなどからキャプチャーした図版を掲載した。（編集部）

写真提供・協力：公益財団法人川喜多記念映画文化財団、ユーロスペース、吉田喜重

映画への不実なる誘い　映画における国籍・演出・歴史　増補新版

第一章　映画における国籍

いまや過去になり始めている二〇世紀とどのような関係を維持すべきでしょうか。私たちは、そのことについて、充分に自分自身を説得しうる視点をいまだ持ちえずにおります。二〇世紀は戦争の世紀といわれ、国際紛争と大量虐殺の世紀とも呼ばれておりますが、そんな悪名高い世紀とどのように接すればよいのでしょうか。その疑問によって、どうすれば二〇世紀に正当な歴史的評価判断を下せるかといった厄介な問題を提起しようとしているのではありません。ごく単純に、そんな二〇世紀を好む正当な理由がはたしてあるのだろうか、と問いたいのです。また、二〇世紀が私たちのほとんどを作り上げ、また私たちのほとんどが二〇世紀を作り上げたものである以上、そう問わねばなるまいと思っております。

ところが、見かけたところ、どうも人類はあまり二〇世紀が好きではなさそうです。音楽会に行けば、やっているレパートリーはほとんど一九世紀のものばかりです。展覧会でも、一九世紀の絵画ばかりに人が集まります。典型的に一九世紀の娯楽であるオペラやバレエがいまでも平然と上演されていながら、二〇世紀の音楽や絵画は集客能力において明らかに劣るという現象が存在しております。文学においても、人々は一九世紀文学のほうが好きであるようです。ドストエフスキーにしても、トルストイにしてもそうですね。ところが、プルーストやジョイスとなると、一部に熱狂的な読み手は存在しても、とてもポピュラーな作家とは見なしがたい。どうやら人々は、二〇世紀より一九世紀的なもののほうを遙かに好んでいるかに見えます。だが、それでよいのかという問いが、今日のお話の核になります。

未来に生きる人たちに、二〇世紀はどのように評価されるのでしょうか。自分の生きてきた世紀には視線を向けず、もっぱら前世紀の文化遺産ばかりを食いつぶしていた時代と思われるのでしょうか。将来の人々に対して私たちが誇りを持ってこれが二〇世紀だといえるものが、はたしてあるのでしょうか。そのひとつは、明らかに「映画」だと私は思っています。絵画は太古以来存在していましたし、音楽や演劇も古代から存在しておりました。それが一九世紀に、国民的な文化といったかたちで再編成されたのですが、映画は、一九世紀の終わりに一九世紀のテクノロジーを総合するかたちでできあがりながら、二〇世紀に入ってからその全容を人類の前に披露することになりました。映画は二〇世紀になって人類が初めて手にすることになった未知の資産なのです。ところが人類はいまだに映画の二〇世紀的な役割と機能を充分に理解するにはいたっていない。

評判の映画が上映されれば多くの人が見にかけつけるという現象は確かにあるかもしれません。しかし、人々は映画についてそれほど多くのことを知ろうともしませんし、それについて深く考えてみようともしていない。大衆的な娯楽として、生活が乱されない程度にほどよくつきあい、それを自分勝手に消費しているにすぎません。だが、このいささか無責任な消費形態を政治的に活用し、議会による民意の集約とは異質の意思形成手段とすることに、二〇世紀の代表的な政治家たちはことのほかたけていました。レーニンしかり、ヒトラーしかり、ルーズヴェルトしかり。彼らほどではないにしても、ムッソリーニもまた遅れをとるまいとして、いまなお使われている撮影所をローマに作り、いまだに続いているヴェネツィア映画祭を組織しました。為政者たちは映画の二〇世紀的な機能と役割にきわめて自覚的でありながら、それを受けとめる側にその意識が希薄だったのです。映画という優れて二〇世紀的な視聴覚的な表象手段に対する自覚の不均衡が、二〇世紀の悲劇を導きだしていたといっても過言ではありません。だから、大量に消費しながらもそのことに無自覚でいることの危険に、おそまきながらでも目覚めねばなりません。私たちは、政治家たちが活用した以上の何かを映画に見いださねばなりませんし、それを怠ったまま二一世紀に足を踏み入れてもいけないはずだと思っています。二〇世紀において、文化にとどまらず、政治的にも大きな役割を演じた映画にそれにふさわしい視線を送り、それが存在していることの意味を把握すべきだと思います。後世のためにというといささか大袈裟ですが、二〇世紀がこのようなものであったということを分析・記述するにあたって、映画をどうしてもその中心に置かなければいけないときがきていると思っております。

事実、映画を欠いたソ連の歴史もアメリカ合衆国の歴史も考えられません。諸外国においてはそのような意識が徐々にかたちづくられてきておりますが、日本ではなかなかそうはいかない。ひとつには、新聞ジャーナリズムが問題で、いまだに映画を「芸能」としてしか扱わない。文化として扱えば事態が改善されるとも限りませんが、国際的に通用する映画記者を日本の大新聞は作ろうとしていないし、その必要も感じていない。大学での映画研究もようやく始まったばかりで、一部で優れた監督たちを生産しはしましたが、総体としてはいまだ充分な成果をあげるにはいたっておりません。そうしているうちにも、映画は、人々の思考と視線とをくぐりぬけ、わがもの顔に世界をかけぬけていきます。

映画には足がはえているとかつて私はいったことがありますが、失われたと思われていた日本映画が、ロシアやフランスやイギリスで発見されることはいささかも驚くべきことではありません。映画は動くものなのです。現在では、注目すべき監督の作品の情報は、封切られる以前に諸外国にも流れており、国境などないに等しい。ところが「芸能」記者はそれを国内問題としてしか報じない。

二〇世紀について考えるにあたって、また二〇世紀が誇りうる何かとして、私は孤独に映画を擁護せざるをえないと思っております。映画が存在したからこそ二〇世紀が好きなのだと公言する私は、まだ少数派でしかありません。しかし、戦争の時代でもあった二〇世紀が映画の時代でもあったという視点がやがては定着することでしょう。それまでの過渡的な言説にすぎないにしても、孤独に言葉を発し続けねばなりません。

国籍という概念、その脆さ

そこで、映画における「国籍・演出・歴史」という三つの主題を立て、問題を考察してみたいと思います。今日は、その第一回目として、「映画における国籍」というお話をさせていただきます。私は、本来「映画には国境はない」と強く確信しておりますので、映画における国籍という概念がいかに脆く、崩れやすいものであるかということを見ていきたいと思います。日本映画と呼べるものは確かに存在しており、その歴史も存在するわけですが、具体的な作品をとってみると、その定義をすりぬけるようなものがいくつもあり、国籍は曖昧になってまいります。そうした流れのなかでどのような動きがあるかを見てみながら、国籍の問題を皆様方にも考えていただきたいと思います。

いま、アメリカで『ザ・リング（The Ring）』（二〇〇二）というホラー映画がかなり当たっております。いずれ日本でも公開され、しかるべき成功をおさめるでしょう。

しかし、この作品は中田秀夫監督の『リング』の権利をアメリカのプロデューサーが買い上げて、リメイクしたものにすぎません。そのオリジナルである中田秀夫監督の『リング』が傑作と呼ばれるほど素晴らしい映画とは思いませんが、いったいどちらが面白いかときかれれば、躊躇なく中田版だと答えます。アメリカ人は普通、クリエイティヴな国民と思われています。よく、日本のしかるべき方々が、とりわけ理系の方々が「日本人は独創に欠け、それに対してアメリカは独創的だ」ということをいうのですが、現実はまったく違います。アメリカほど独創に背を向けるというある種の「独創性」を活用する国はないのです。無闇にオリジナルである必要はない。それよりも、オリジナルの模倣を大量に生産することで企業としての安定をはかるのです。映画においても、良い題材があればどこからでも買ってしまう。日本からでも買ってしまう。そしてそれを自分たちなりにアメリカ映画として世界に流通させるという戦略をアメリカは大々的にやっているわけです。独創に平気で背を向けられるというアメリカ的な「独創性」をまず理解しないといけません。

それしかないという唯一無二のオリジナルの価値より、そのコピーの大量流通が意味を持つという現象の定着が二〇世紀のひとつの特質であり、映画は人類がそれ以前は知らなかったその現象のうえに成立しているものだからです。

ごく単純に比較してみても、いまディズニーが作っているアニメ——そのほとんどは、名高い作品の翻案です——と、日本で作られているアニメとどちらの質が高いかといえば、そのほとんどがオリジナルのストーリーである日本のほうが間違いなく創造的で質が高い。しかし、日本では、個人が独創性を持ってしまうことで周囲から独創性を奪うという反独創性の国であるわけです。宮崎駿さんをはじめ——決して宮崎さん一人ではありませんけれども——何人かの非常に優れた人たちがいても、世界のMiyazakiなどともてはやして、彼一人でもういいだろうと思ってしまいがちなのです。それは、世界のKurosawaなどといった場合と同じですが、その個人的な独創性が再生産されていることに視線が向かないところが、日本の一番大きな問題なのです。日本人が世界のKurosawaなどといっているうちに、小津や溝口はいうまでもなく、世界は成瀬巳喜男を発見したのですし、プログラム・ピクチャーのなかで育った鈴木清順、加藤泰、三隅研次、工藤栄一、深作欣二といった活劇派の優れた作家が日本には何人もいたことに驚き始めている。

映画にはリメイクというものがあります。リメイクとは、もう一度作り直すということであって、『ザ・リング』がそうであるように、アメリカ映画の多くのものがリメイクであるか、あるいは小説の翻案です。その際、国籍は問われません。黒澤明の映画は、世界でさまざまなかたちでリメイクされました。『用心棒』(一九六一)がイタリアで『荒野の用心棒(Per un pugno di dollari)』(一九六四)として海賊版化されたことは有名ですが、その後、アメリカで『ラストマン・スタンディング(Last Man Standing)』(一九九六)として正式にリメイクされています。『七人の侍』(一九五四)は『荒野の七人(The Magnificent Seven)』(一九六〇)となっているし、『羅生門』(一九五〇)は『暴行(The Outrage)』(一九六四)としてリメイクされました。戦国時代の武士と農民との関係が一九世紀の西部に翻案可能であったように、オリジナルの作品が持っているかに見える日本的な文脈はいかなる文脈への置き換えも可能であったわけで、そのことだけを見ても、映画の国籍がいかに危うく、脆いものであるかがおわかりだと思います。

「日本映画」の揺らぎ

そこでまず、ひとつ映像を見ていただきますが、その映像のなかに私が出ていることにショックを覚えてうつむかれずに、じっと見ていただきたいと思います。この作品が実はフランス映画なのです。私が映画に出演することはほとんどありませんけれども、これは友人であるフランス人の監督が撮っており、また私自身が高く評価している日本の映画作家が出ていますので、私もつい出演してしまいました。みっともないのですが、そのことを見ていただきたいのではなく、これがフランス映画だということを認識するためにご覧ください。

――ビデオ上映『北野武 神出鬼没』

ご覧いただいたように、一人醜い男が出てまいりますが、それは忘れてください。それはさておき、この映画は日本映画ではありません。フランスのプロデューサーが「現代の映画」というテレビの名高いシリーズの一編として撮った非常に興味深い良質の映画です。なぜ日本でこの程度のものがさっとできなくて、フランスで作られているのかというようなことも問題ですが、映画作家としての北野武さんをめぐる優れた映画はまだ日本には存在していないのです。

この『北野武 神出鬼没（TAKESHI KITANO l'imprévisible）』（一九九九）という映画のなかで、北野さんはかなり真面目に自分自身の映画のことを喋っておられます。しかるべき理由で、日本ではこの映画は公開されていません（つい最近、その一部がテレビに流れたようですが）。ですから、フランスと諸外国の人たちだけが見ている映画なのですけれども、これが日本ではなくフランス映画だということで、国籍の問題は大きく揺らいできます。

この映画のなかで、大きな映画ポスターが出てきましたけれども、あれはエルンスト・ルビッチの一九三五年の映画『生活の設計（Design for Living）』で、右からゲイリー・クーパー、ミリアム・ホプキンス、それからフレドリック・マーチです。私の大学のオフィスにずっと飾ってあって、アメリカから大学の学長が来ると「この名前をいってみろ」と聞くのですが、大半は答えられない。「ゲイリー・クーパーも知らないのか」といって、アメリカの有名大学の学長たちを大いにいびったものです。アメリカ人も自分の国の映画のことはあまり知らないということなのです。これを撮ったジャン゠ピエール・リモザンという監督は、私はフランスの最も優れた監督の一人だと昔から思っておりましたが、多分来年『NOVO』という大傑作が日本でも上映されると思いますので、ぜひ見ていただきたいと思います［『NOVO』は、二〇〇三年六月に日本で公開された］。

では、次にもうひとつ見ていただきます。これも国境の概念、あるいは国籍の概念がかなり揺らいでくる作品です。登場するのは日本人ですが、最初に申し上げておきますけれども、これは日本の資本が入っているとはいえ、スイス人の監督が撮ったスイス映画なのです。

――ビデオ上映『書かれた顔』

いまご覧いただいたのは、ダニエル・シュミット監督による『書かれた顔（The Written Face）』（一九九五）という映画で、残念ながら日本で、坂東玉三郎さんをこれほどみごとに活用した映画は存在しておりません。これは玉三郎だけではなくて、武原はんや杉村春子や大野一雄なども出てくるたいへん面白い映画ですけれども、これも全篇日本で撮られているにもかかわらず、スイス映画なのです。

ちなみに、この映画の一部は東京港の埠頭で撮られておりまして、入念にロケハンをして、ここにキャメラを置こうということを決めて、翌朝クルーが行ってみると、その岸壁に大きな船が停泊しており、予定していた場所にキャメラを置くこと

ダニエル・シュミット『書かれた顔』

ができない。ところが、その船が不幸なことに東京大学の白鳳丸という研究船だったのです。私がまだ学部長をやっていたころですけれども、大学の銀杏のマークをダニエル・シュミット監督がしっかり覚えておりまして、「あれは蓮實の大学の船だ」といい張り、「蓮實を探し出して動かせ」ということになったらしいのです。一刻も早くこの船をこの場からどけろと、何時間も揉めたという話を聞いております。一学部長の私は海洋研究所の船を動かすことはとてもできませんので、彼に捕まらなくて本当に良かったと胸をなでおろしました。それで、監督も仕方なく白鳳丸を置いたまま撮ってみると、そのほうがずっと良く撮れたんだそうです。このキャメラマンは、いまフランスで活躍しているスイス出身のレナート・ベルタという見事なキャメラマンで、東大の研究船に騙しだましいろいろな照明を当てたりしてうまく撮って逃れています。

それはさておき、いま見ていただいた映画も、登場人物はすべて日本人でありながら日本映画ではない。そこで今度は日本映画をひとつ見ていただきます。これは一九三八年に撮られた有名な作品ですが、私の考えでは、日本映画のなかで最も美しい、唇をあわせることのないラヴシーンが演じられております。

成瀬巳喜男『鶴八鶴次郎』における翻案

——ビデオ上映『鶴八鶴次郎』

監督は成瀬巳喜男です。役者は長谷川一夫と山田五十鈴で、長谷川一夫が東宝に入った第一回目の作品です。『鶴八鶴次郎』（一九三八）という、これは日本映画史のなかでも最も優れた作品のひとつだと私は思っております。

長谷川一夫と山田五十鈴はこのあとコンビを組みまして、何本もの作品で共演しておりますが、好き好きかとは思いますけれども、私は『鶴八鶴次郎』は彼らのコンビのなかでも最高の作品だと思っています。逆光と順光を組み合わせて撮っていて、影になって浮き上がっている部分をどぎつい影では示さないという、あのトーンですね。実に見事なキャメラワークです。一九三八年の段階で、日本映画の撮影はすでに世界的な水準に達していたということをこの映画は示しています。

もちろん当時の映画では接吻も抱擁もありませんから、どのようにして二人が近づくのかというところが、夕暮れの影のなかで描かれます。この映画を見ていただくと、これはいかにも日本映画的であるとお思いになるかもしれませんが、実はアメリカ映画のいただきなのです。一九三四年のウェズリー・ラッグルス監督の『ボレロ（Bolero）』という映画なんですが、直接のいただきではないところが非常に面白い。原作の川口松太郎は、二〇世紀の奇人といってもいいかもしれませんが、この人は世界中の作品を何でも日本を舞台に翻案してしまって、いかにも新派のような雰囲気を出してしまう名手なのです。『鶴八鶴次郎』の場合も、彼は『ボレロ』の翻案で直木賞までもらってしまい、それを改めて映画化しているのです。ウェズリー・ラッグルスの映画で、ボレロを踊る二人の踊り手が第一次世界大戦によって引き裂かれ、一人は金持ちの奥さんになってしまうというお話を、日本に当てはめたわけです。これを外国人に見せると、「どこかで見たことがある」という。「そうだ、ウェズリー・ラッグルスの『ボレロ』だ」というと、「そうだ！」と。「でもどうして、オリジナルより優れた映画になっちゃうのかがわからない」というわけです。成瀬巳喜男は世界でも一流の監督ですし、ウェズリー・ラッグルスはそうではないので当然なのですけれども、この映画が日本映画であるかに見えて、実は外国映画を換骨奪胎して作ってしまった映画だということを申し上げたいのです。

長谷川一夫や山田五十鈴が元の映画を見ていたかどうかはわかりませんが、二人は実に見事な叙情味をおびたラヴシーンを演じています。木漏れ日が長谷川一夫の背中と肩に落ちるあたりの繊細さは、到底アメリカ映画が真似することのできない高度な技術的達成なのです。しかしこの映画がアメリカ映画のほとんど非合法的な翻案であったということから、映画にはひとつの国には自足しえない何かがいろいろなかたちで交錯しているということを、これからお話ししていきたいと思います。

モーパッサン『脂肪の塊』の翻案――日本

ひとつの例として、ギー・ド・モーパッサンという一九世紀のフランスの小説家の作品が、映画を通して世界に撒布されていった様子を見てみたいと思います。モーパッサンは一九三〇年代くらいまでは日本でも非常に有名だった作家ですが、彼が一八八〇年に『脂肪の塊（Boule de suif）』という作品を書きました。彼にとっての処女作といってよいこの中編小説は、普仏戦争下のノルマンディーを舞台にして、人々から蔑まれている「脂肪の塊」と渾名《あだな》された娼婦が、プロシャ軍に対して一人抵抗し、彼女を軽蔑するブルジョワどもがかえって占領軍の権威にへりくだるというシニカルな題材を持っています。

優れてフランス的と思われていた『脂肪の塊』は各国で映画化され、日本でも溝口健二が『マリヤのお雪』（一九三五）という素晴らしい映画に作り上げていますけれども、実はフランス本国でクリスチャン＝ジャックが撮った『脂肪の塊』

（一九四五）が最もつまらないという皮肉な結果を生んでいます。アメリカでも作っていますけれども、私の見たところ、日本と中国とソ連の『脂肪の塊』が一番優れています。中国の作品は、第二次世界大戦後に中国から香港に亡命した朱石鱗という監督によるもので、ソ連のものは、一九三四年にソ連体制が完全なかたちで確立して、いわゆるスターリン主義が横行し始めた時代に、ミハイル・ロンムによって撮られました。

なぜこのようにさまざまな国が『脂肪の塊』をとりあげたのかを、私なりに考えてみたいのですが、実はそれにはひとつの意味があります。『脂肪の塊』がいろいろな国で映画化されているということは私も知っており、世界の人たちも知っているのですが、溝口健二の『マリヤのお雪』という映画を私は一九七〇年代に初めて見たわけです。その直後に撮られた『浪華悲歌』（一九三六）や『祇園の姉妹』（一九三六）のような傑作ではありませんが、たいへん素晴らしい作品だと思いました。しかしそのとき、これとよく似た映画を自分はカラーで見たことがあるはずだと思い始めました。大映が撮った映画なのですけれども、京マチ子と根上淳が出ていて、西南戦役を舞台としており、もう一人女優が出ていましたが、それが誰だったか思い出せません。いろいろな人に電話をかけてきいてみたところ、どうやら一九五七年に島耕二監督が撮った『女の肌』という映画がそれだということを、いまから二年ほど前に嗅ぎつけたのです。どうやら『女の肌』は溝口健二の『マリヤのお雪』のリメイクだったらしいのですが、そんなことは溝口健二をめぐる書物や文献に出てきておりませんでした。

『女の肌』は当時あまり当たらなかったらしく、その後ビデオにもなっておりませんし、テレビでも放映されていません。プリントも残されてはおりません。幸いネガは残っているようなので、私がちょっと騒いだところ、どうやらフィルムセンターが買ってくださるかもしれないので、いずれ溝口健二の『マリヤのお雪』と島耕二の『女の肌』という映画の二本立てをやっていただけるものと期待しております。いまのところ島耕二という作家を再評価しようという気は私にはありませんが、かなり面白い作家です。溝口健二の『新・平家物語』（一九五五）の続編（『新平家物語 静と義経』［一九五六］）を撮ってみたり、やはり溝口の『滝の白糸』（一九三三）や『残菊物語』（一九三九）のリメイクもしています。

島耕二監督の『女の肌』はビデオがないのでお見せするわけにはいきませんが、関係者にいろいろ苦労して見つけていただいたスティール写真が現在のところ国有財産になっておりまして、簡単に持ちだせないので、今日は四枚ほど黒白でコピーしたものをお見せします。それを見ると、もう一人といいました女優が淡島千景だったことがわかります。封切り当時、京マチ子、淡島千景共演といえばむしろ大作だったはずですが、それが四十数年後にはまったく忘れさられていたわけです。どういう話かというと、すでにお話ししたように、これもまた、西南戦役を背景にした『脂肪の塊』の翻案なのです。

『脂肪の塊』というモーパッサンの作品は、一八七〇年から七一年にかけてフランスを舞台として起こった普仏戦争の時代の話です。プロシャ軍がフランスを占領しているという状況を、溝口健二の『マリヤのお雪』では、西南戦役の政府軍（官軍）と薩摩軍の話に置き換えております。すると、オリジナルとそのコピーという関係にありながら、まるで西南戦役にぴったりの題材だと思えてしまいます。山田五十鈴は九州のある街で芸者をしている。そこに政府軍が攻めてきて逃げなければならなくなって、同僚の原駒子とつれだって馬車に乗って逃げる、という話です。実にうまく『脂肪の塊』そっくりに翻案することができたわけです。

ここで私は、六十歳を過ぎて初めて告白することになるのですけれども、よく女優は誰が好きかときかれることがあります。「女優で映画を見ているわけではない」などといって、そういう問いはこれまで一蹴してきたのですが、つい最近になって、私が一番好きな女優は山田五十鈴だったと思いあたりました。その発見に自分自身が驚いているのです。それをあえて公言するのは恥ずかしいのですが、一九三〇年代の山田五十鈴は本当に素晴らしい。演技が素晴らしいとか、横顔が美しいとかいった水準を遥かに超えて、存在そのものが他を寄せつけがたく輝いている。その個人的な趣味を皆様方に強要するつもりはありませんが、やはり、世界映画史の大女優ともいうべき女性がここに確かにいるというのがはっきりわかってまいります。それではその馬車のシーンを見ていただきたいと思います。

――ビデオ上映『マリヤのお雪』

原駒子という女優と山田五十鈴の芸者二人がブルジョワたち――ここでは村の名主たち――と一緒に戦乱から逃げているところです。この馬車の動きには精巧な仕掛けがありまして、周りに布を垂らしており、ゆらゆらと揺れるこの布の動きが馬車の走行を見事に表わしています。外を見せずに布が風で揺れているというだけの見事な演出です。

この二人の芸者は食べ物の用意をしており、他の人たちは用意をしていなかったという場面を見ていただきたいと思います。モーパッサンの『脂肪の塊』でも、心の広い娼婦が食べ物を周りの乗客に分け与えてやるのですが、日本版はそのシークェンスを二つにして、食事の場面を戸外に設定しております。原駒子は乗客たちの態度に怒るのですが、山田五十鈴は大らかな心で食事を分けてやるというふうになっています。ここでもまた溝口の演出が冴えております。

――ビデオ上映『マリヤのお雪』

先ほどこの二人を芸者というふうにいいましたけれども、実際には酌婦といわれている身分の人たちです。明治になってから、芸者とは違うかたちで、いわば風俗営業をしていた人たちですから、この二人を村の人々が忌み嫌うという場面がまず馬車のなかにありました。あまり良いプリントが残っていないことが惜しまれます。デジタルで修復すれば音も画像もずっと良くなるのですが、残念ながら、いまのところ修復された版は存在していません。

ソ連版『脂肪の塊』

この場面を、それではソ連映画はどのように撮ったのか。ロシア版（Пышка [Boule de suif]）は、やはり世界的な大監督であるミハイル・ロンムが撮っています。一九六二年に『一年の九日（Девет дни от една година [Nine Days in One Year]）』という大傑作を撮った監督です。この作品には音もナレーションも入っているのですが、実はこれは無声映画として撮られたもの（一九三四）で、一九五五年に音楽とナレーションをあとから入れています。溝口健二が馬車のなかと戸外との二つのシークェンスで見せたことを、すべて馬車のなかで展開させているのですが、そのときのキャメラアングルの見事さをぜひご賞味いただきたいと思います。

――ビデオ上映　ロシア版『脂肪の塊』

溝口健二の『脂肪の塊』は一九三五年で、ミハイル・ロンムの『脂肪の塊』は一九三四年です。一九三四年というのは、ソ連映画の歴史のなかでどういう時代だったかというと、二〇年代のロシア・アヴァンギャルドが完全に敗北し、いわゆる社会主義レアリスムの勝利が確立した年です。血はつながっていないのにワシーリエフ兄弟と呼ばれる二人の監督が撮った『チャパーエフ（Chapaev）』という映画が、社会主義レアリスムを称えたというふうにいわれておりますが、『脂肪の塊』はロシア・アヴァンギャルド的な流れが若干残ってはいるものの、それともいわゆるレアリスムともまったく性質を異にしています。

例えば、いま見ていただいた馬車のなかの場面では、ひとつとして同じアングルからのショットがありません。それぞれのショットはアングルを変えて撮られている。それでいて人々の位置に混乱が生じないという見事な演出で、実はこの監督はその後、スターリン時代は不遇だったのですが、六二年に完全に復活して、先ほども申し上げました『一年の九日』という大傑作を撮ります。これは原子力研究をしている人たちが被爆するという物語で、しかも一人の女と二人の男の恋が語られて

ミハイル・ロンムによるソ連版『脂肪の塊（Пышка）』

いるというこの優れた作品は、何かの機会にぜひ見ていただきたいと思います。

アメリカ版『脂肪の塊』

一九三四年と三五年に日本とソ連で『脂肪の塊』が撮られるということには、それなりの意味があるわけですが、さらに違った意味が、次の作品に生まれてきます。どういうことかというと、一九四四年にアメリカで、『マドモワゼル・フィフィ（Mademoiselle Fifi）』（『フィフィ嬢』）という題名の映画が製作されます。これはモーパッサンの二つの作品、一八八〇年の『脂肪の塊』と八二年の『フィフィ嬢』をひとつにしてしまった作品なのです。「フィフィ嬢」というのは、実はプロシャ将校の渾名で、いつもおめかししているので、「マドモワゼル・フィフィ」と呼ばれていた。このハリウッドが作った映画にどのような意味があるかというと、撮られたのが一九四一年ですから、ヨーロッパ戦線へのアメリカの参戦を促し、それを擁護する対独プロパガンダ映画になっているわけです。
ちょうどいまの状況と逆ですが、アメリカは一九三九年頃、なかなかヨーロッパ戦線に参戦しなかった。国内の世論をまとめてヨーロッパに参戦しなければならないということを決めるまでに、映画が非常に大きな役割を演じました。対独プロパガンダ映画がたくさん作られて、たまたまその頃フランスからアメリカに亡命していたシモーヌ・シモンというフランス人女優が、この映画のなかで「脂肪の塊」の役を演じています。ただし、一九四〇年代のアメリカ映画にはプロダクション・コードという倫理規定があり、娼婦という役柄を登場させることはできませんので、洗濯女として登場しています。それをご覧ください。いかにアメリカ映画的な凡庸化が起こっているか、というのがよくわかります。

――ビデオ上映『フィフィ嬢』

ご覧いただくと、演出は決して下手ではなく、むしろ巧みに撮られてはいますが、やはりある部分を強調しすぎているというところがあります。ドイツ軍将校とのやりとりなどが強調されており、社会批判というよりは風俗的な描写になっています。

監督はロバート・ワイズです。この直前にワイズは、オーソン・ウェルズの『市民ケーン（Citizen Kane）』（一九四一）で編集を担当しており、監督としての第二作目には『ボディ・スナッチャー（The Body Snatcher）』（一九四五）を撮っています。優れた監督とはいえないのですが、その後は大作家とみなされるワイズは、ＲＫＯの撮影所にフランスの田舎の街を再現し、教会の鐘楼まで作ってしまった。これまでお見せした映画では、馬車は原作どおりに雪のなかを走っておりませんが、このロバート・ワイズによる作品では一応雪景色のなかに馬車を走らせています。そのあたりの努力は認めてやってもよいのですが、しかしそれほど優れた映画ではない。ただし、あまり知られていないので、ロバート・ワイズも初期には『脂肪の塊』を撮ったのだというと、かなりの映画好きのアメリカ人も驚くわけです。

フランス版『脂肪の塊』

さて次に、フランス本国の作品を見ていただきます。フランス版にはミシュリーヌ・プレールという優れた女優が出ていますが、まったく同じシーンを見ていただきたいと思います。クリスチャン＝ジャック監督による一九四五年の作品で、フランス解放が一九四四年ですから、その直後にできた作品で、当然のことながらフランスの愛国主義を鼓舞したものというふうに考えられています。フランスを含む連合軍がドイツに勝ったわけですけれども、フランス解放の直後に、いかにもそれを祝うのにふさわしい、フランスの一人の娼婦の愛国心というものを描いた作品です。優れた映画的資質というものはここには見ることはできませんけれども、ご覧いただきたいと思います。

――ビデオ上映　フランス版『脂肪の塊』

これといった演出上の工夫は何もありませんで、人物をそれなりに肉づけしているだけの作品です。クリスチャン＝ジャックという監督は、この前後に『カルメン（Carmen）』（一九四五）や『パルムの僧院（La Chartreuse de Parme）』（一九四八）といった、なぜか文芸映画をたくさん翻案していますが、どれも翻案という程度にとどまっており、溝口健二の大胆さにはおよそ及ばない、ごく普通の映画しか撮っておりません。

いままでの映画と違っているのは、この映画の後半部分に、対独の抵抗分子がかなりたくさん出てきます。もうフランスは勝ってしまったのですから、何でもいえるわけなので、対独のマキザール（マキ）、いまでいうところのゲリラですけれども、その人たちがたくさん出てきて活躍するといったような点が、他の作品とは異なっています。異なっているというのは、ドイツに対するフランスの優位をことさら強調している点がひとつ、もうひとつ見るにたえないのは——私一人が見るにたえないのですけれども——、気取った奥様方がたくさん出てきますが、実は事故でみんなご主人と離れてしまって、この人たちがドイツ軍司令部に呼ばれて、そこの酒盛りに参加します。そこで、ブルジョワの奥方は全員ドイツ軍に篭絡されてしまい、一人「脂肪の塊」だけがドイツ軍に抵抗して、司令官を殺してしまうという、絵に描いたような勧善懲悪になっており、いかにフランス解放直後のこととはいえ、本当にくだらない。モーパッサンの生まれた国の作品でありながら、外国人の溝口健二やミハイル・ロンムの翻案のほうが遥かに優れているといわざるをえない。ここでは、監督も脚本家もフランス人だから、モーパッサンの作品を他の国の人たちよりよく理解しているはずだという文化的伝統による文学理解の限界が見事に崩れてゆきます。

中国版『脂肪の塊』

ところでさらに、先ほど予告しておきました中国でも、『脂肪の塊』が撮られていました。私はインドにも南米にも絶対存在すると思っておりまして、いま韓国の方にもいろいろ調べていただいております。中国の場合は、一九三〇年代の上海映画の水準を見ていれば、『脂肪の塊』が撮られていっこうに不思議ではないはずなので、いろいろ調べてみましたけれど、どうもそれらしいのが見えてこなかった。そこで、かつての同僚である中国映画の専門家の刈間文俊さんに伺いましたら、中国にはないけど、中国の監督が戦後に香港に亡命してから撮ったのがあるという答えが返ってきました。ああ、やっぱりと思いましたね。朱石麟監督が撮った『花姑女《ファクウニャン》』（一九五二）という映画です。「ファ」というのは「花」の意味で、「クウニャン」というのは、少しご年輩の方なら耳にされたことのある言葉だと思いますけれども、いわば「娼婦」というか、風俗的な仕事に従事する女性のことですから、「花のように美しい娼婦」というほどの意味でしょう。では、時代をいつに設定するかというと、これは簡単で、つまり日本軍占領下ということになります。ですから、日本軍の将校が登場しますが、戦時下に撮れなかった理由もそれで明らかでしょう。

この映画では、「姑女」という花のように美しい見事な娼婦が、身をまかせると思わせて日本軍の司令官を殺してしまう。殺したあとで彼女は捕まり、仲間——中国のマキ——が抗日分子たちを助けるという話です。この映画では、日本軍占領下ですから馬車はいかにもおかしいというので、馬車はトラックになっています。トラックの周りも非常にうまく考えていて、あまり外が見えなくなっている点では、溝口の場合によく似ています。

——ビデオ上映『花姑女』

「翻案」を超えた広がり

いま見ていただきましたように、中国にも、より正確には香港にも『脂肪の塊』を翻案した作品があったわけです。ここで考えてみたいのは、なぜ一九三〇年代から四〇年代、五〇年代にかけてさまざまな国で『脂肪の塊』が撮られていたのかということです。それはまた、なぜ映画は文学作品を翻案するのかということでもある。ところが映画は、あらゆる文学作品を翻案するわけではなく、ハリウッドのプロデューサーが「これなら映画になる」と思う作品とそうでない作品があるわけです。そしてモーパッサンは、幸いなことにというか不幸なことにというか、一九四〇年代のアメリカのプロデューサー、それから一九三〇年代の日本のプロデューサー——永田雅一という、後に大映の社長になる人ですけれども——、そういう人たちを安心させる作品だったのです。モーパッサンの場合は、長編も書きましたが、彼が巧みだったのは中編であり、短編です。良くできた短編の語りは、ともすれば語りの構造の普遍性によって、何かに似てしまうのです。

それればかりではない。職業として貶められている娼婦が、実は一般市民の誰よりもまともな人間だったという状況は、それだけである時期の優れた映画作家を刺激するものでした。溝口健二やミハイル・ロンムの場合がそうですが、『駅馬車(Stagecoach)』(一九三九)の監督ジョン・フォードもそうした一人でした。『駅馬車』

はもちろん『脂肪の塊』の直接の映画化ではなく、アーネスト・ヘイコックの『ローズバーグへの馬車（Stage to Lordsburg）』（一九三七）を翻案したものですが、フォードは、人物設定がモーパッサンの『脂肪の塊』に似ていたことがひどく気に入っており、あるインタヴューではモーパッサンの小説の題をフランス語で挙げ、不品行で町を追われる酒場女のクレア・トレヴァーの役柄を明らかに『脂肪の塊』を想起しつつ演出しています。

――ビデオ上映『駅馬車』

酒場女のクレア・トレヴァーが駅馬車の窓ぎわに座っており、ジョン・ウエインが真ん中の床に座っていまして、ルイーズ・ブラッドが演じる、これから戦場にいる夫を訪ねようとする上品な妊娠中の女性が一人います。その二人のあいだにすでに対抗関係がありまして、水を飲ませるところを見てみると、明らかにこれはあの『脂肪の塊』の食事の場面から受け継いだ何かがある。悪事を企む銀行家のバートン・チャーチルが真ん中にいて、酒場女が直にグラスに口をつけて水を飲んだものですから、そんなものからは水をもらえないというようにいうあたりもいままで見たさまざまな作品とそっくりで、西部劇一本撮るのにも、ジョン・フォードがこのフランスの一八八〇年に書かれた小説を読みこなしていて、そこから見事に翻案しているということがおわかりだと思います。

『駅馬車』でも、プロダクション・コードの関係で娼婦を登場させることができませんでしたので、「脂肪の塊」は酒場女として出てきます。その酒場女は身持ちが悪いと非難され、町から追われ、駅馬車に乗っている。他のさまざまな用事で馬車に乗っている人たちが、最初は彼女を汚らわしく思っていたけれども、ジョン・ウエインが彼女のことを「レディ」と呼んで、ひとりだけ彼女のことを女性として扱う。それとは対照的に、ジョン・キャラダイン扮する南部の良家出身の賭博師がいて、本当は自分の名前が刻まれているのに、実は賭博でこの銀製のグラスをとりあげたのだといってごまかす場面など、もちろん『脂肪の塊』にはありません。け

ジョン・フォード『駅馬車』

れども、あのグラスを自分の愛する女性だけには使い、他の人には使わせないというあたりの南部独特の階級意識は、いかにもフォードがジョン・キャラダインに託した旧世代の人物像として、たんなる『脂肪の塊』の翻案を超えた広がりを作品に与えています。

こうして、モーパッサンの『脂肪の塊』は、間接的に西部劇の題材とさえなっているのですが、それがさらなる広がりを見せていることを指摘しておきます。これは、ここでビデオでお見せすることはしませんが、ジョゼフ・フォン・スタンバーグの『上海特急（Shanghai Express）』（一九三二）のマレーネ・ディートリッヒの高等娼婦の役柄など、明らかに「脂肪の塊」を意識しているはずですし、ジョン・フォードの遺作となった『荒野の女たち（7 Women）』（一九六五）のウィスキーを手放さず、たえず煙草をくわえている女医を演じたアンヌ・バンクロフトなどにもそのイメージが反映しています。モーパッサンは、ハリウッド映画が描いた中国にまで撒布されているのです。

複製芸術としての映画へのまなざし

こうした融通無碍な『脂肪の塊』の流通ぶりを、「文学と映画」という問題の立て方で考察したくはないと思っています。しかし、そのような考え方をしなければ気のすまない人たちが二〇世紀にはたくさんおりました。その場合、文学は高級な文化、映画は低級な文化ということが前提になっているのですが、一九三〇年代の終わりから四〇年代にかけての第二次大戦中に、ドイツからアメリカに亡命していたフランクフルト学派の研究者たちが、ハリウッドで起こっている高級文化の低級文化への大がかりな翻案に驚いて、こうしたアメリカにおける文化産業はいったい何だろうか、それはどのように機能しているのか、という考察を論文に書きました。『啓蒙の弁証法』として翻訳された書物（岩波書店）におさめられているアドルノとホルクハイマーの論文です。書かれたのは戦時中ですが、戦後（一九四七年）になってからドイツ語で出ました。「文化産業——大衆欺瞞としての啓蒙」というタイトルですが、文化産業はいたるところで真面目な作品と安易な作品とを混同しているというのが、アドルノとホルクハイマーの考え方です。ハリウッドでは、あらゆる世界の名作を、ロシアであればトルストイであろうと何であろうとみんなスクリーン向けに翻案してしまう。これは、一九三〇年代の資本主義の一形態――その頃は先進資本主義といっていましたが、いまから比べたらそれほど先進でもないわけですけれども――が当然のように引き起こしてしまう、いわば文化産業のひとつの弊害であり、あらゆるものをスタンダードなものにしてしまうという批判を行なっています。

確かに、あらゆるものをスタンダードなものにしてしまうという事態は、文化産業の資本主義的な一形態としてあるのですが、実はアドルノとホルクハイマーという優れた社会学者・哲学者は映画が嫌いなのです。この優れて二〇世紀的なメディアがどうしても好きになれない。そこで、どう映画を始末するかということで書いたのがその論文なのであって、そのなかで、多くのアメリカの企業は、ほとんどべートーヴェンとカジノ・ド・パリとの混同のようなことをしているといっています。ベートーヴェンは偉大な芸術作品であり、カジノ・ド・パリとは誰が見てもわかるようないわば低級なレヴュー作品であって、その嘆かわしい混同を指摘している。彼らはモーパッサンではなく、トルストイの名前を挙げているのですが、トルストイであろうと何であろうとアメリカは全部翻案してしまう、というわけです。

そこで起きるのは、オリジナルな作品を可能にした文化的＝社会的なコンテクストの無視、あるいは混同ということだと彼らはいいます。ここで扱っている問題に即していうなら、モーパッサンに『脂肪の塊』を書かせたそれ固有の社会的＝文化的な背景を無視し、それを日本だの中国だの合衆国の西部だのに持ってきてコピーするのは由々しきことだというのです。これは原則的には正論として響きます。彼らは、これは高度に発達した資本主義特有の問題だというのですが、実は資本主義だけの問題ではありません。彼らは、いわゆるフォード社の生産システムに代表される規格による大量生産、大量消費社会の病理だというのですが、社会主義圏のソ連でも同じことが起こっていたことには目をつむっています。一九三四年にロシア版『脂肪の塊』が撮られ、また、決して先進資本主義とはいえなかった一九三五年頃の日本でも同じことが起こっている。確かに資本主義の一形態だということと関係あるのかもしれませんが、それと同時に、大衆化された社会の複製芸術の問題というものが当然あるのです。唯一無二のオリジナルを救うために、あらゆる複製芸術作品を否定するということは、ほとんど二〇世紀の否定につながりますが、アドルノとホルクハイマーはそのことは意識していません。彼らは、二〇世紀が嫌いだったのです。だが、何ものにも代えがたいオリジナルへの敬意ゆえに大量に流通するコピーを思考の頽廃とみなすことは、印刷術によるみずからの執筆行為の基盤そのものをも否定しかねない抽象論にすぎません。

二〇世紀は、一九世紀的なテクノロジーの行きついた写真にしても映画にしても、何らかのかたちで複製を行なってきましたし、そのことのうちにみずからの表現を発見したのです。レコードから今日のＣＤやＤＶＤにいたるまで、コピーをたんなるオリジナルへの冒涜として否定すれば、二〇世紀を語ることは不可能です。映画そのものが複製芸術であると同時に、そのなかでさらに、文学作品の映画化、あるいは他の作品のリメイクというようなことも行なっており、いわば二重に複製しているといえる。二〇世紀における複製の問題は、たんにそれを否定すればすむというよりは、否定すべきものとしてではなく、新たに思考すべき生の条件として現実に抱え込んでしまったものであるということを、その後、人類はあまり本気で考えていません。

複製ゆえの迫力

優れた芸術作品、例えばトルストイと、トルストイを映画化した溝口健二——『復活』をそのまま日本に移して、『愛怨峡』(一九三七)という映画を撮っています——のどちらが偉大かといえば、一世紀後には溝口健二のほうが偉大だといわれる時代が必ず来ると私は思っています。創意のない文学作品の映画化はたくさんありますが、それに対して、溝口健二が見事にやったように、たんなる文学作品の映画化といったものとは違った、二度目であるが故に持ちうる迫力といったものが、溝口の映画には存在します。複製であるが故に持ちうる迫力というものが映画にはある。だが、それは決して唯一無二の正統的な芸術作品が誇る他を圧した輝きではありません。類似したものがあたりに氾濫している環境のなかでの、類似を否定することのない差異の迫力といったものなのです。

文学にも、優れたものからつまらないものまで、たくさんありますし、またモーパッサンのように簡単にアダプテーションされてしまうものからなかなか映画化されないようなものまで、いろいろある。それから、ハリウッドにシナリオライターとして雇われながら、そこでは不幸な生活しかできなかったアメリカの偉大な作家は、フォークナーをはじめたくさんいます。それに比べると、フランスの一九世紀の小説家モーパッサンは、いかにもハリウッド好みなのです。どちらが通俗的で、どちらが芸術的に高級かというようなことを、ここでいいたいわけではないのですが、一九世紀の中頃から、いわゆる高等芸術、高級芸術と思われているような文学のなかにも、実はその高級さの印象にもかかわらず、文化的＝歴史的なコンテクストを無視して換骨奪胎可能なものが出てくるわけです。

換骨奪胎可能ということには二つの側面がありまして、ひとつはモルフォロジーといいますけれども、物語の形態論的な一貫性というものがあります。物語の形態論とは何かといいますと、いま見ていただいたように、不幸な、しかし心の豊かな女性が、危機を逃れて、同国人と共に、危険地帯を馬車でくぐりぬける——これは、物語の形態論として、ひとつ成立しうるものだということができる。「走行＝危険＝回避＝目的地への到着」という流れが一方にあり、他方で「危険＝回避」という一点に、「女性の犠牲」という要素が加わり、そうした形態論的な図式のなかで、馬車は容易に他の乗り物に置換することができます。事実、中国（香港）版では馬車はトラックになっています。乗り物の進行を阻害するものはプロシャ軍に限られているわけではなく、日本軍でもアメリカ先住のインディアンでもよい。そうすることで物語のモルフォロジーは変わりません。こう考えてみるといろいろ思い出されて、あれも同じモルフォロジーによる作品ではないかと思われるようなものがいくつか出てくるかもしれません。私はまだ充分な確信は持っていませんけれども、先ほど挙げたスタンバーグの『上海特急』もこれと同じで、この場合は馬車が列車に変わっています。そこでは一人の女性が犠牲になって他の人々を救い出します。このように、危険地帯を複数の人物が馬車で通り抜ける、そしてその通り抜ける過程で、いくつかの人的な葛藤が起こるといった話は、物語のモルフォロジーとして普遍化しうるわけです。そしてそのとき、原作としての『脂肪の塊』も、その普遍性を証言するひとつの要素でしかなくなっている。それは、もはや唯一無二のオリジナルであることをやめているのです。

それからまた、テマティック（主題論的）な一貫性というものもあるわけです。貧しい女性の気高い自己犠牲によって多くの人々を救うという主題の一貫性です。溝口の場合であれば、これは酌婦になったり芸者になったりということになりますが、皆様方も、「あの映画も、モルフォロジーのうえで、それからテマティックのうえで、このなかに入る」というようなものを何か思い出されたら、「こんなものもあった」ということで、メディアテークにEメールを送っていただければよいと思います。二〇世紀の面白さは、モルフォロジーとテマティスムの一貫性が、ちょっとした細部の代置や置換によって、いきなり表情を変えてしまうことにあります。構造は同じでありながら、まるで異なる力をあたりに波及させるのです。それは、模倣が差異を生産するといってもよいでしょう。映画は、二〇世紀の文化的な生産様式のなかに、この質的な差異を導入しました。であるが故に、無視できないのです。

差異への感性

ところで、今日は最初に、溝口健二の『マリヤのお雪』をお見せしましたが、この映画は、同じ『脂肪の塊』を原作としながら、例えば、クリスチャン＝ジャックの『脂肪の塊』と質的に異なっている。ある種の類似にもかかわらず、まったく異質の力をあたりに波及させるのです。大衆消費社会と呼ばれる二〇世紀の文化を考える場合に、この差異への感性が不可欠です。では、その『マリヤのお雪』がどのような終わり方をしているかを見て、今日のお話をしめくくらせていただきます。

それに先立って、二つほど申し上げたいことがあります。ひとつは、思いがけない音楽が響いてくる、ということ。もうひとつは、溝口健二の『マリヤのお雪』が他の作品と最も大きく異なるのは、香港版を見ていただきますと、敵軍である日本軍の将校を姑女が殺し、その騒ぎに乗じて、抗日分子たちの非合法の活動を可能にするということがあるのですが――フランス版の『脂肪の塊』も同様です――、溝口健二はそういう無粋なことはしないで、「脂肪の塊」にあたる酌婦の山田五十鈴が敵軍将校に惚れてしまい、しかもそのありえない愛が成就しそうになるということです。これが溝口健二が他の人たちと違うところで、戦争が始まって、愛しあっ

ていながらも、敵軍と味方ですからほとんどスパイみたいなかたちになるわけです
けれども、彼女は日本政府軍の将校にあたるその男——大川平八郎がやっている役
ですけれども——を救って逃がしてしまう。

それは溝口の作品を支えていた脚本の構造で、溝口の独創性といっていいかと思
います。他のほとんどの映画は、相手の敵軍将校を殺すことによって、いわば娼婦
の愛国心が顕揚されるのですが、溝口はそんなことはせず、惚れていながら、二度
と会えないはずの恋人を逃がしてやる。残念ながらフィルムの状態が非常に悪いの
で、見にくいところは、私が好きな山田五十鈴が水辺に立って、敵軍将校を乗せた
船が遠ざかるのを遥かに見やっているというところだと想像なさってください。こ
れはなかなか見事な映像で、異国の音楽が響いたりして、そのあたりは、今日のテ
ーマであった国籍の観点から見ても、微妙な問題を孕んでおります。

——ビデオ上映『マリヤのお雪』

西南戦役の芸者の悲劇に、なぜグノーの『アヴェ・マリア』が響くのかと考え出したら、何ら正解はありません。しかし、かりに青年時代のゴダールがこれを見ていたら、嫉妬に狂ったに違いない大胆な終わり方であります。『脂肪の塊』のあらゆる翻案が映画作家を嫉妬に狂わせるわけではありません。それこそが、模倣が差異を生産する映画のつきぬ魅力にほかなりません。

どうもありがとうございました。

第二章　映画における演出

今日は「映画における演出」のお話をさせていただきます。

その前提には、前回にもお話ししたことですが、かりに批判的であるにせよ、私たちは二〇世紀を肯定しなければいけないという認識があります。二〇世紀をなかったことにするわけにはいきません。二〇世紀に対する肯定が非常に曖昧なかたちでなされたり、あるいは二〇世紀は戦争の世紀、あるいは国際紛争の世紀であったというような否定的な見解も巷に満ちておりますが、やはり私たちは、自分たちを育んでくれた、また私たちがその展開に何らかのかたちで関わってきた二〇世紀を肯定しなければいけない。ただしその場合の肯定は、あくまでも批判的肯定でありま す。映画によって代表される二〇世紀をただ無条件に受け入れようとするのではありません。また映画そのものを無批判に擁護しようというのでもありません。この三回のレクチャーのタイトルを「不実なる誘い」という題にさせていただきましたのも、ただ映画が好きだというだけの人たちに対して批判的な視線を向けなくてはいけないと思っているからなのです。

そこで今日は映画における演出についてお話しするのですが、いわゆる「映画術」といわれているものをすべて列挙することはいたしません。それは限られた時間では不可能だし、無理に類型化することはできますが、それに意味があるとも思えません。むしろここで確認しておきたいことは、「映画とはごく僅かなもので成立するものだ」という原則です。今日では、CGの技術の発達によってかなり複雑なものまで画面に取り込むことは可能になりましたが、にもかかわらず、SFでさえ、善悪の対立といったごく僅かな材料で成立している。また、これも前回指摘しておいたことですが、物語のモルフォロジーという点で、また題材のテマティックという点で、映画が複雑きわまりないものになっていく気配はありません。かえって、ますますその単純さを露呈し始めているとさえいえるかもしれません。

事実、映画は、一八九五年にごく僅かなものを被写体として、ごく単純な画像として成立しました。例えば、リュミエール兄弟の『ラ・シオタ駅への列車の到着（L'Arrivée d'un train à la Ciotat）』がそうであるように、画面がとらえているものは、乗客の待つプラットフォームに到着する蒸気機関車と、それに引かれた客車だけだったわけです。機関車は、ただ向こうから走ってきて止まる。ただそれだけのことで、人々を興奮させることができました。何かが目の前で起こっている。それが映画本来の姿なのです。その後、映画は物語を持ち始めましたが、Ｄ・Ｗ・グリフィスというアメリカの素晴らしい映画作家は、「映画とは、女と銃である」といいました。女性がいて、そしてそこに男性のにぎる銃が一丁ありさえすれば、それだけで映画は充分に成立するということです。それをさらに単純な要素に分解するなら「男と女と銃」となるでしょう。

優れた映画作家は、「男と女と銃」の「銃」の代わりに他のものを導入します。実際、ひとつの要素を置換してみるだけでまったく違った作品ができあがるわけで、例えば「銃」の代わりに「車」を代入してみると、「男と女と車」となります。ロッセリーニの傑作『イタリア旅行（Viaggio in Italia）』（一九五三）に感動したゴダールが、「男と女と車」だけで映画は充分に撮れると確信し、処女長編『勝手にしやがれ（A Bout de Souffle）』（一九五九）を撮ったことはよく知られております。また、「女」の代わりに「子供」を代入すれば大人と子供となり、それを「車」と組み合わせてみると、そこにはアッバス・キアロスタミの傑作『そして人生はつづく（Zendegi Va Digar Hich... [Life and Nothing More.../And Life Goes On...]）』（一九九二）ができあがります。このように、ごく僅かなものの組み合わせによって映画が成立可能であるという事情を、まずおさえておきたいと思います。

映画は「男と女と階段」で成立する

そこで今日は、「男と女と銃」のヴァリエーションとして、「男と女と、かいだん」があれば映画が成立する、というお話をさせていただきます。「かいだん」というのは恐ろしいヒュ〜ドロドロ〜の「怪談」ではありません。私たちの誰もが知っており、ほとんど意識せずに日常的に上ったり下りたりしているあの「階段」です。「男と女と階段」があればそれだけで映画が成立する、というお話です。そのために、アルフレッド・ヒッチコックが一九四六年に撮った『汚名（Notorious）』という映画を分析したいと思います。その細かな分析に入る以前にいくつか指摘しておかねばならぬことがあります。

まず、なぜヒッチコックをとりあげるかということです。彼は、イギリス生まれで、第二次世界大戦が勃発するころにアメリカに招かれ、戦後はハリウッドを代表する監督になり、合衆国でその生涯を閉じました。一般にはサスペンスの巨匠として知られておりますが、その画面の艶めかしさは、サスペンスというより、むしろエロチシズムの作家と呼ぶにふさわしい人だと思っています。しかし、彼の作品を通して映画の「演出」を考えるといったとき、問題になるのは、サスペンスでもエロチシズムでもありません。彼の作品にみなぎっているのは、彼が映画の三つの時代を生きてきたことの誇りのようなものです。つまり、ヒッチコックは、イギリスで無声映画時代に映画監督となり、そこでトーキー時代を迎え、やがてハリウッドで色彩の時代を迎えたのです。このサイレント時代を知っていることと、それ以後に映画に入った人たちとの違いが必ず演出に透けてみえます。サイレント時代から映画を撮っている監督たちは、キャメラをどこに置くべきかを本能的に知っている。その本能のようなものが、トーキーにも、色彩映画にも出てしまうのです。その本能的なキャメラの位置は、トーキー時代に監督となった黒澤明をいくら詳細に分析しても、探りあてることはできません。やはり、溝口健二や小津安二郎、あるいは成瀬巳喜男から入らないと映画の本能には接しえないのです。

いま、題材の面で、映画は単純な要素から成り立っていると申しましたが、それを視覚化する、つまり目に見えるかたちで表現するためにも、映画はごく単純なもの、単純な要素からなっております。サイレントの経験のある監督たちは、その単純さが何であるかをしたたかに心得ていました。その単純さは、普通われわれが「ショット」と呼んでいるものです。これは日本語ではしばしば「カット」と呼ばれることがありますが、ひとつの画面が始まってから終わるまでの持続を「ショット」と呼ぶことにします。そのショットに対する姿勢が、サイレント時代から映画を撮り始めた監督たちはよりシビアーなのです。映画史をよく心得ているはずのマーチン・スコセッシのような現代作家でも、ショットへの感性は、ハワード・ホークスやジョン・フォードと比べると、ひどく見劣りがします。スコセッシやスピルバーグの否定しがたい弱さに意識的であるためには、どうしてもサイレント期に映画を撮り始めた作家たちの演出を改めて見直しておく必要があります。ここでヒッチコックをとりあげるのは、そうした理由によります。

ショットは映画の最小単位ではありませんが、ショットをさまざまに組み合わせることによって映画は成立しております。そのショットには、静止しているショットと動いているショットがあります。ですからショットだけをとってみれば、映画には静止と運動という二つの要素しかありません。ただし厳密にいいますと、運動しているショットには、キャメラは動かずに軸を中心として視界が左右に動く場合――これをパン（パノラミック）といいます――と、キャメラそのものが動いて進んだりする場合――これは移動撮影、トラックアップとかトラックバックといわれています――がありますが、それらの組み合わせで映画はできてしまうのです。ショット自体は非常に単純なものからできていますが、しかし、具体的な作品におけるその組み合わせは無限なのです。

そのことに馴れていただくために、まず一種の遊びからこの問題に入ってみたいと思います。題名はいわずにおきますが、あるひとつの場面を見ていただき、どんなショットからなっているのかじっくり見ていただきたいと思います。一人の元警官が、ある事件によって退職し、ぶらぶらしている。そこに友人が来て、挙動のあやしい自分の妻を監視してくれという。元警官は、若干の逡巡の後、実際にその妻を監視することになるという場面です。そこで監視することになった男と、監視されている妻が、どのように画面上に登場してくるか、それをじっくり見ていただきたいと思います。

単純なショットの組み合わせ

――ビデオ上映『めまい』

これは『めまい（Vertigo）』（一九五八）というヒッチコックの素晴らしい作品ですが、いま見ていただいたのはなかでも素晴らしい場面であります。台詞はまったくなく、すべてが「視線」によって語られています。これが、サイレント期から撮っている監督ならではの演出の的確さです。ジェームズ・スチュアートが、やや体を反らすようにして、一人の女性を見つめている。パンするキャメラが人混みのレストランの奥まったテーブルにかなりの距離からその女性をとらえますが、彼女は背中しか見えていない。そのドレスからのぞく背中が見えたあたりで、叙情的な愛を祝福するかのようなバーナード・ハーマンの音楽が流れ始めます。しかし考えてみますと、元警官の男が女性を監視しているだけですから、愛の成立など問題にはなっているわけではないのですが、ここではあたかもラヴシーンの序曲であるかのような演出がなされています。そしてこの女性が立ち上がるところを、ややアングルが変わったキャメラが今度は固定ショットでとらえます。女は夫に先立って画面を横切り、元警官の前で立ち止まり、まるでその視線を意識しているかのように誇らしげに振り返り、そして去っていく。たったそれだけのことなのですが、最近の映画ではなかなか見ることのできない充実した場面です。映画を志すほどの人なら、監督になるにせよ、批評家になるにせよ、誰もがこの場面を何度もじっくりと見直すべきだと思います。

ところで、いま見ていただいたシークェンスが、いくつくらいのショットからなっていたと思われますか（客席より「十三」の声が上がる）。数えておられましたね（笑）。時間的にはさほど長くはないシークェンスなのですけれども、ショットは十三もありました。さまざまなショットが見事な編集によってひとまとまりのシークェンスとなり、この瞬間を忘れがたいものにしています。決して不自然ではないかたちで、登場する女優の振り返る動作が三つのショットに分かれていますが、短いショットが重なっても、目まぐるしい印象をまったく与えず、高まる抒情的な音楽とともに流れるような滑らかさが見るものを魅了します。これは、単純なショットを組み合わせていきながら、内容的にはきわめて複雑な状況を素晴らしいシークェンスとして成立させるための条件なのです。

映画はショットによって成立していて、そのショットは動く場合もあれば、動かない場合もあるといいましたが、それをどのように選択して組み合わせるかが演出家の才能の見せ場になってきます。ほんの一分にも満たない短い場面に十三のショットがあるわけですが、これを演出したヒッチコックは、いつでもこのような短いショットばかりを繰り返しているわけではなく、むしろ長いショットもしばしば撮っている。そこで、今日ここで考えてみたいと思う『汚名』の一場面を見てみたいと思います。

――ビデオ上映『汚名』

いま見ていただいた場面は、三つのショットからなっていますが、三つ目のショットが一番長い。ほとんどキスのシーンですが、立ち止まってはおらず部屋のなかを移動しながらのキスシーンです。アメリカ映画は、というより世界の映画はというべきかもしれませんが、過去五十年ほどで大きなものを失いました。すなわち、キスの魅力というものが世界の映画から失われてしまったのです。おそらく一九四〇年代の終わりくらいまでは、惹かれあう男女がふとしたきっかけで唇と唇とをあわせるシーンを作品の最大の魅力にしていたのですが、最近の日本映画にし

アルフレッド・ヒッチコック『汚名』

てもアメリカ映画にしても、魅力的なキスシーンはほとんどありません。『ハリー・ポッター』にはあるはずもない。スピルバーグを私は批判的に肯定していますけれども、彼にもキスシーンの演出などとてもできません。男性と女性がお互いに惹かれあい、ふと唇を寄せあう、しかも惹かれたものたちのあいだに大きな「禁止」の力学が作用している、というような演出を一度もやっていません。「お前さん、それでいいのか。映画はキスだぞ」とつい声でもかけてやりたくなるわけです（笑）。

ちなみに『汚名』のこの場面は、素晴らしいとはいっても、イングリッド・バーグマンという女優は本当に下手くそだと思います。下手というより、しなやかな身軽さに欠け、ひたすら重いのです。まだ充分に繊細さの襞というものを肉体の表層に持っていないのでしょう。イングリッド・バーグマンでなければこの場面はもっとエロティックになったと思うのですが、にもかかわらずヒッチコックは彼女を使って素晴らしい場面にしているといえます。

さて、前回は私が唯一出演してしまった映画をお目にかけましたが、今回は私が唯一プロデュースしてしまった作品を見ていただきたいと思います。特に画面の連鎖を見ていただきたい。ここでの男女はキスはいたしません。若い男性が若い女性を遠くからながめるという、いかにも日本的な場面ですが、ヒッチコックに劣らぬ見事なショットの連鎖が見られます。

——ビデオ上映『東京大学　学問の過去・現在・未来』（一九九七）

いまご覧いただきました作品は、東京大学のＰＲビデオの一場面です。吉田喜重監督に演出をお願いいたしましたら、やってあげようということで引き受けていただけました。三十分ぐらいのものをお願いしますといったところ、五十六分の作品になってしまいました。プロデューサーとしてはいくぶん困惑するところですが、見せていただきましたらこれが非常に素晴らしかった。ＰＲビデオの概念を遥かに超えた作品になっておりました。

ここに描かれているのは、青年が異性に惹かれるとはどういう体験かという瞬間です。それが、さまざまなショットのこれしかないという組み合わせで流れるように描かれています。なぜこうしたPRビデオを作ったかというと、学長時代に世界の大学をいろいろ訪問する機会があったのですが、時折その大学のPRビデオを見せられるわけです。これが私たちの大学ですといって上映してくれるのですが、これが五分としてたえられない代物ばかりです。大学が素材になっていながら、この映像の時代に、どうしてこのように醜く知性を欠いた画面しかできないのか、と驚きました。そこで、当時の私が持っていた数少ない権力を利用いたしまして、東大のPRビデオを断固作ると宣言したら、これが認められてしまいました。あとはお任せしますといわれたので、吉田喜重さんにお願いしました。吉田監督はすごい方で、短時日にさっと撮ってしまわれました。ご覧いただくと、ショットとショットの組み合わせ、動いている場面、それから今日はお話ししませんが、ロングショットとクローズアップとの関係、これらは、これから映画を学ぶ人がひとつひとつ吟味すれば、必ずいい作品ができるという見本のような見事な作品になっています。

吉田喜重『東京大学　学問の過去・現在・未来』

大学のＰＲビデオとしては世界一のものと自画自賛しております。ここにも、男が傾斜した地形の段を下り、女がそれを上る場面が描かれていることにご注目いただければと思います。

階段の意味するもの

さて、話を階段に戻します。ここせんだいメディアテークにも階段はたくさんありますが、階段が何であるかは誰もが体験的に知っております。それは、居住空間の、あるいは公共空間の二つの異なる水準の平面を段々状に結びつける傾斜した空間として、戸外にも屋内にも設置されています。形態としては、直線状のもの、螺旋状のもの、湾曲したもの等々、さまざまなものがありますが、そこでの上昇＝下降の運動は、誰もが肉体感覚として記憶しています。視覚的な表象としてそれをスクリーンに再現すれば、誰もがそれを階段として自然に認識するはずです。

しかし、映画においては階段のイメージは、たんなる階段ではなく、階段とは異なる何ごとかを想起させるイメージとして機能しています。階段には階段のコノテーション、いわば社会的＝文化的な意味というものがあって、例えば成瀬巳喜男の『女が階段を上る時』（一九六〇）という作品の場合、これは階段を上っていく女の人を撮っている映画ではなくて、バーに勤める女将がいて、バーというのはだいたいビルの二階くらいにあることが多いので、毎晩それを上らねばならない雇われマダムというヒロインの危うい地位を象徴する舞台装置として、階段はいわば女性の宿命ともいうべきものを社会的＝文化的な意味として担っています。「女が階段を上る」という表現が世界共通の意味を持っているわけではないので、それをコノテーション、つまり社会的＝文化的な意味と呼んだのですが、この題名を持った作品を見れば誰にも納得できるそうした階段の意味は、作品の物語の構造と主題論的な体系にしたがって、またその場に身を置く作中人物の役割によって、さまざまに異なる社会的＝文化的な意味をおびることになります。

例えば映画史のなかで最もスペクタキュラーな階段のひとつに、エイゼンシュテインの『戦艦ポチョムキン（Bronomzidi Potiomkini）』（一九二五）という作品があります。そのなかで階段を転がり落ちる乳母車の場面がありました。この場面における階段は何を意味しているかといえば、軍隊の組織で暴動が起こったときに、たまたまその暴動に巻き込まれてしまった女性の不運というものを表わしている。乳母車が階段をトントントンと落ちていく。ブライアン・デ・パルマが、その後『アンタッチャブル（The Untouchables）』（一九八七）でほとんど同じことをシカゴ駅で再現しておりますが、どちらかご覧になった方も多いかと思います。

映画に登場する最も長い階段、これはおそらくマイケル・カーティス監督の『ヤンキー・ドゥードゥル・ダンディ（Yankee Doodle Dandy）』（一九四二）という映画だと思いますが、そのラストでジェームズ・キャグニーが階段をタタタタッとタップを踏みながら駆け下りてくる素晴らしい場面があります。この場合、階段を駆け下りてくることは、寄席の芸人にとっての歓喜を表現している。このように、それぞれの作品によって階段は違った意味を持ってきます。ルネ・クレールの『巴里祭(Quatorze Juillet)』(一九三二)にあっては抒情、『風と共に去りぬ(Gone with the Wind)』(一九三九)にあっては不幸、ダニエル・シュミットの『ヘカテ(Hecate)』(一九八二)にあっては誘惑、ジャン・コクトーの『双頭の鷲(L'Aigle a deux tetes)』(一九四七)においては絶望、フリッツ・ラングの『メトロポリス(Metropolis)』(一九二六)においては権力を、等々、その意味はきわめて多様です。

階段へのまなざし——小津、ヴェンダース

ところで、階段は日本家屋のなかでは非常に撮りにくいものです。階段を撮るには、若干の引きといいますか、キャメラから対象への距離が必要となりますが、日本家屋はその距離が充分にとれるようには作られていない。したがって日本映画のなかで階段が出てくるケースというのはむしろ少ないし、そのことをよく知ってい

た小津安二郎は、『風の中の牝鶏』（一九四八）の夫婦のいさかいによる田中絹代の落下のように、よほどのことでない限り階段を画面に見せませんでした。

ここで、ちょっと小津の作品を見ていただきたいと思います。娘が結婚式を迎える場面です。娘が二階にいて、お父さんと娘のお兄さんが一階の部屋にいます。衣装を整える係の方が来て「お嬢様の衣装がきれいに仕上がりました」というので、父である笠智衆と兄である佐田啓二が二階に行って、「おお、きれいだ」というようなことをいうのですが、この場面に階段は出てきません。父親と兄とが、廊下からいかにも階段を上るようにして姿を消し、階段を上りきったかのような呼吸で二人は二階の部屋に出てきますが、そのあいだに階段は登場しません。日本家屋の階段は若干不自然になりがちなので、小津はむしろそれを排しているわけで、その場面を見ていただきたいと思います。

――ビデオ上映『秋刀魚の味』

小津の映画では、階段が本当に出てくる場合には、『宗方姉妹』（一九五〇）や『浮草』（一九五九）の場合の家族のいさかいのように、良からぬことが起こるのですが、いまご覧いただいた『秋刀魚の味』（一九六二）のラストのように、通常は階段はまったく出てきません。先ほど申し上げたように、日本家屋の階段は撮りにくいのです。もちろん階段はセットですから、セットの壁を壊してキャメラを若干引くことはあるわけですが、そうすると勾配の問題が出てきます。階段の勾配は、ある視点から撮らないと、なかなか勾配らしく見えないという現象がもうひとつ出てくるのです。遠近法による距離感の強調が、妙な錯覚を導きだしてしまうからです。

実は写真もそうですが、ハイキングなどに行かれて、山の麓で高い山をバックに記念撮影をしようと思って撮ってみると、人物の背後にたんなる平地が広がっているようにしか見えないケースがありますが、キャメラというものは、映画においても勾配に弱いのです。それで、映画監督たちがしばしば間違えて、上っているのか下りているのかわからなくなるような階段の撮り方をしてしまうことがあります。

そこに素人っぽさが出てくるのですが、これからお目にかけるのはヴィム・ヴェンダースの『アメリカの友人（Der amerikanische Freund）』（一九七七）の階段が舞台となって殺人が起こる場面で、そこでの殺人者とその犠牲者が、キャメラに向かって階段を上っているのか下りているのかわからなくなります。そのことを考えながら見ていただければと思います。

——ビデオ上映『アメリカの友人』

最後のところで、人物が階段を下りてくるところがあるのでかろうじてこちらに傾斜している階段とわかったわけですが、夜で背景が見極めがたく、階段が向こうに伸びているように見えてしまうので、人がごろごろと向こうに転がっていくように見えたり、こちらに転がっているように見えたりする。階段のように傾斜した空間は、映画にあってもキャメラがとらえにくいものなのです。階段にキャメラを向けた場合は、その勾配を視覚化するために、いろいろな要素を考えて撮らないといけないのですが、ヴェンダースはそれを怠っており、素人じみた失敗に陥っています。階段は、日本家屋でなくとも、安易にキャメラを向けるべきものではないのです。ところが、アルフレッド・ヒッチコックは、さすがにサイレント時代から階段にキャメラを向け続けていましたから、どこにキャメラを置けばよいか知り尽くしていました。

饒舌な階段と寡黙な階段

さて、ヒッチコックの『汚名』を詳しく分析する前に、ヒッチコックの映画には二つの異なる文体によって描かれた階段があることを確認しておきたいと思います。それは饒舌な階段と寡黙な階段といったらよいでしょうか。ひとつは、多くの劇的な効果がそこに込められている階段、もうひとつは、家のなかのいわば建築的な要素のひとつにしか見えないような楚々とした階段です。これから見ていただきますのは、ひとつ目の饒舌な階段の例です。

――ビデオ上映『サイコ』

これは『サイコ（Psycho）』（一九六〇）ですが、私立探偵が小高いところにたっている家の前の階段を延々と上っていきます。そして玄関を入ると、家のなかにもまた階段がある。私個人のヒッチコックの登場人物の定義というものがありまして、それは「あらゆるヒッチコックの登場人物たちは、一度もヒッチコックの映画を見たことがない」ということなのです。もし彼らがヒッチコックの映画を見ていたら、この階段を上ることを躊躇するはずなのです（笑）。彼らが階段を上ると、いいことは決して起こらない。『鳥（The Birds）』（一九六三）でも、上るべきではない階段を上ってしまったばかりに、ティッピー・ヘドレンは二階の部屋で鳥に襲われてしまいます。ヒッチコックの映画では、階段はやたらに上ってはならないものなのです。ところが、ヒッチコックの登場人物たちはそのことを知らずに、いまの『サイコ』

アルフレッド・ヒッチコック『サイコ』

のようにプロの探偵までもが階段を上ってしまう。ヒッチコックの映画を見ているわれわれは「上るな、上るな」と思うのですけれども、彼らは上ってしまう（笑）。

マーチン・バルサムが演じているこの私立探偵は家のなかの階段をゆっくりゆっくり上っていき、二階の踊り場で何ものかに斬りつけられ、あっさり殺されてしまう。そこには、真上からの俯瞰撮影をはじめ、さまざまなショットが組み合わされており、たんに殺されてしまうだけでなく、あたかも上ったことを罰されたかのように、もんどりうって一階まで転げ落ちるまでをじっくりと見せています。職業的な探偵があんなに簡単に殺されていいのか、という問題が提起されても不思議ではありません。しかし、ヒッチコックの階段の場面なのだから、それも許されるというほかはありません。というわけで、これはいかにも饒舌な階段の例です。

落下の主題と関連する饒舌な階段は、イギリス時代からのヒッチコックの主要な題材のひとつで、『白い恐怖（Spellbound）』（一九四四）における少年時代の罪の意識や、『めまい』における高所恐怖症の主題と結びつき、上下の縦軸を強調しながら、人物の足元から地面を消失せしめます。あるいはまた『海外特派員（Foreign Correspondent）』（一九四〇）のウエストミンスター寺院の塔、『逃走迷路（Saboteur）』（一九四二）の自由の女神、『北北西に進路を取れ（North by Northwest）』（一九五九）のラシュモア山の大統領の巨大な肖像といった観光名所を舞台として展開される宙づりのサスペンスを作り出します。そうした落下の主題との関係で饒舌な文体をかたちづくるものとしては、『海外特派員』の風車のなかの大きな歯車仕掛けや、『めまい』における教会の鐘楼のなかの螺旋状の階段に向けられたズームアップとトラックバックの結合のように、派手な視覚的効果をあげています。

次に、寡黙な階段の例として、『断崖（Suspicion）』（一九四一）を見ていただきます。

――ビデオ上映『断崖』

落下をともなわない寡黙な階段は、派手な視覚的効果を自粛しているかに見えます。ここでは、確信はないのですが、さまざまな状況から夫が自分を殺しはしまいかと疑い始めている妻のもとに、あたかも妻の幻想を身にまとってしまったかのような不気味な夫を演じるケイリー・グラントが、盆にのせたミルクのコップを運ぶというだけなのです。ところが、それが非常に怖い。寡黙な階段も怖いのです。なぜ怖いかというと、ただミルクがコップのなかで仄かに白く光るからです。これはヒッチコック自身が語っていることですが、ミルクのなかに小さな豆電灯を入れて白く光るように細工しているのです。もちろん、そんなことをしたって本当は怖くないのですが、物語の展開と撮影の仕方によって怖さが滲み出てくる。作中人物と共に、観客をも欺くことがヒッチヒコックの演出の一側面にほかならず、しかも、階段が寝室のベッドとの関係で意味を持っている点に注目しなければなりません。

階段を上りきった夫が部屋に入ってくるときに大きな影が映り、あたかも何か殺意があって、毒の入ったものを妻に飲ませようとしているかのような状況ができあがってしまう。事実、夫は、これではあたかも怪奇映画のような部屋への入り方をします。さらに、夫が入ってくるときに音楽が響いているのですけれども、それが

アルフレッド・ヒッチコック『断崖』

また必ずしも明るい音楽ではないので、何か緊迫した雰囲気が醸し出されています。しかしながら、階段そのものは、そこで『サイコ』のような惨劇が起こるわけでもなく、夫がただ階段を上るだけという、いわば寡黙で地味な階段であるわけです。

ついでにいいますと、ベッドで息をつめているこの女優はジョーン・フォンテーンですが、彼女は日本で生まれた人です。日本で生まれたからというわけではありませんが、北欧生まれのバーグマンなどに比べれば、遥かに繊細で素晴らしい女優だと思います（笑）。この人が『汚名』をやってくれればとつい思ってしまうわけですが、起こってしまった事態は変えられませんので、今後、今日のお話の中心である『汚名』を、ずっと鈍感なバーグマンで見ていただくしかありません。

ヒッチコック『汚名』

そこで、ヒッチコックの『汚名』に戻ることにしましょう。ここで見ていただく階段は決して饒舌なものではありません。家のなかのたんなる装置のようにしか思われない階段が、先ほどいったように、いかにして「男性、女性、階段」になるかというあたりを見ていただきたいと思います。

『汚名』は第二次世界大戦中のお話です。イングリッド・バーグマンはドイツ人科学者の娘の役で、お父さんがアメリカに亡命していながらも反米運動をしてしまったと疑われ、彼女の立場は非常に苦しい。それに目をつけたFBIが、その立場の弱さにつけ込んで自分たちの側に取り込み、南米のブラジルで活動しているナチスの残党の原爆製造グループを捕まえようと企むというお話なのです。

ケイリー・グラントはFBIの職員で、彼女にどこか惹かれているところがあるのですが、また、職務上、彼女を惹きつけようともしている。しかし、彼は任務として、そのような女性を敵組織の大物の元へ送り込んで結婚させなければいけない。そうして彼女を通じていろいろな情報を引きださなければならないので、ここでケイリー・グラントは、たいへん大きな「禁止」を抱え込むことになるわけです。ここでの「禁止」は、宿命的なものではなく、自分の職業上の目的達成のために、自分の愛している女性の肉体そのものを、自分が罪を暴こうとしている人間に委ね、しかも結婚までさせてしまうという、ちょっと考えてみるとなかなか想像できないような屈折したかたちでの「禁止」です。このような関係が『汚名』の男女のあいだに横たわっていることになります。

「禁止」もまた、ヒッチコック的な主題のひとつです。ヒッチコック自身は、『汚名』を「愛と義務との葛藤という古いテーマを描いた作品」といっていますが、義務との葛藤といえば、信者から告白された事実を公言しえないという義務の貫徹によって窮地に陥る『私は告白する（I Confess）』（一九五二）にも類似の葛藤が描かれています。ヒッチコック的な「禁止」は、古典悲劇の「宿命」とは異なり、主人公が到達すべき目標そのものの要請するものだという不可避的な状況です。『北北西に進路を取れ』の場合にも類似の状況が描かれていますが、『汚名』の男は、ＦＢＩ捜査官としての目的の達成のため女をスパイに仕立て上げるために、みずからの性的な

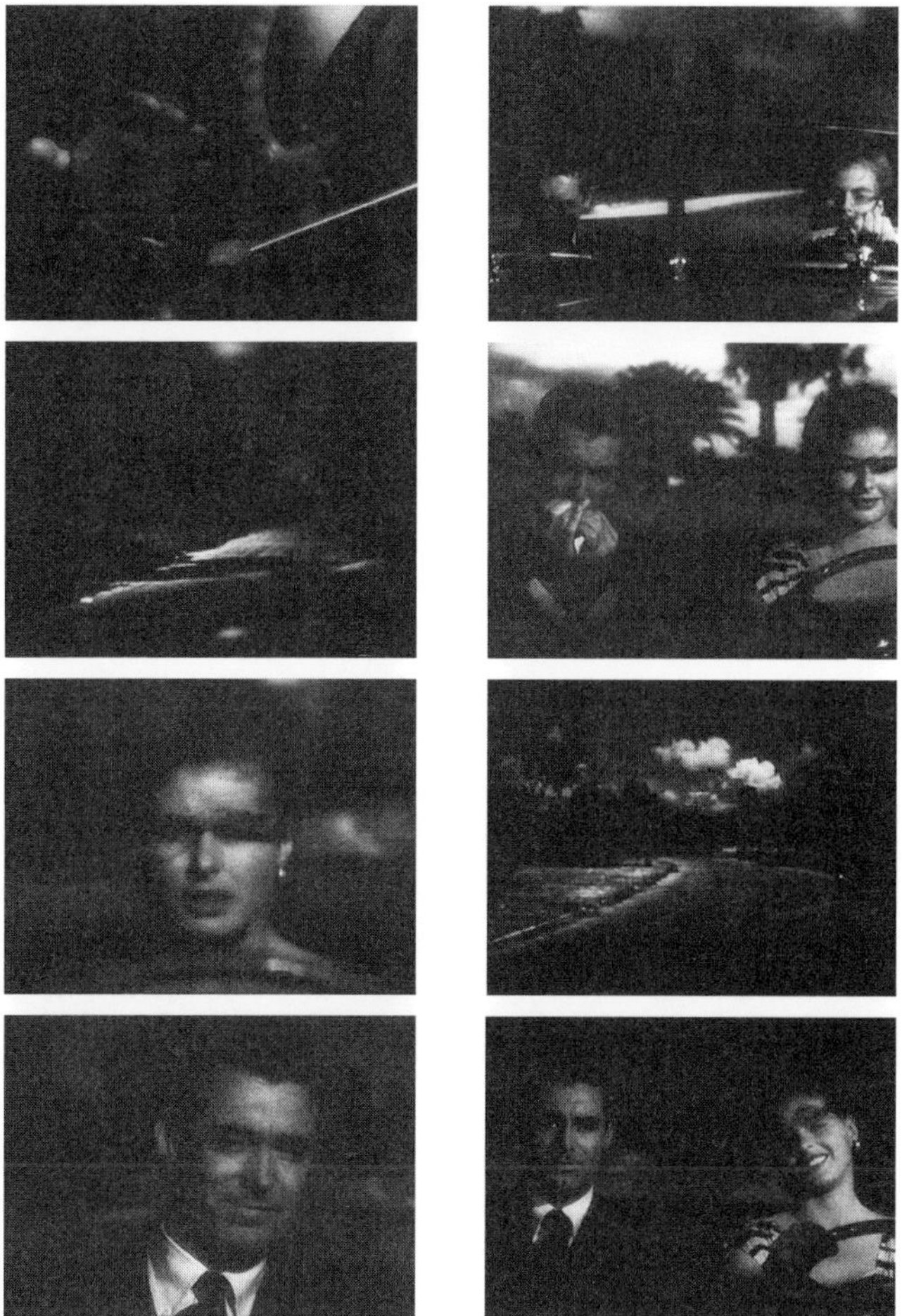

アルフレッド・ヒッチコック『汚名』

魅力を発揮して、擬似恋愛のようなものさえ演じてみなければならない。それが真の恋愛となれば義務は遂行できませんから、そこに「禁止」が生ずるのです。

その擬似恋愛としての誘惑は、まず、車の疾走によって表わされます。運転席に男女が並んで座ることは、意識的か否かにかかわらず、ヒッチコックにあっては「愛」のプレリュードとして機能します。『汚名』でも、酔ったバーグマンが運転する車の疾走がありましたが、その後、冒頭に見ていただいた長いキスシーンを通して、擬似恋愛の結果、女がスパイとなることを受け入れるのです。ところが、スパイとしての彼女の前に、階段が姿を見せる。そこを見ていただきましょう。

——ビデオ上映『汚名』

これは、自分が誘惑すべき敵の大物の男性——クロード・レインズです——の家に、スパイである彼女が初めて正装して出掛けていくところです。そこで彼女がふと目を惹きつけられたのが階段です。その階段は大きくカーブを描いている。そし

アルフレッド・ヒッチコック『汚名』

てその上から自分が期待していたわけではない小柄な女性がゆっくり下りてくる。その女性が、実は自分が誘惑しようと思っている男の母親です。この母親が階段をゆっくり下りてきたのは、この家を支配しているのがこの母親であるという、いわば支配の構造を視覚的に印象づけるためです。そこに新たな「禁止」の力学がはりめぐらされます。二階はこの家にとって聖域であり、そこには母親が君臨しており、原爆製造グループの陰謀はすべて一階のサロンで行なわれるし、また正面玄関を入ったところに見える階段は、プルトニウムを貯蔵した地下室へと通じる不可視の階段と饗応することで、いずれこの家を支配している上下の縦の力学を露呈させることになるでしょう。

ところで、ヒッチコックの映画では、母親という存在が非常に大きな役割を占めております。おそらく、アメリカの映画作家のなかでは、彼はラオール・ウォルシュと共に母親のイメージを異常に重視した作家だと思います。ウォルシュの母親は、『暗黒の命令（Dark Command）』（一九三九）のマージョリー・メインや『白熱（White

Heat)』(一九四九)のマーガレット・ウィッチャーがそうであるように、息子の暴力的な資質を鼓舞します。ヒッチコックの場合は、『鳥』のジェシカ・タンディーや『汚名』のレオポルディン・コンスタンチンなどがそうであるように、息子の異性への接近を排除する役割を演じており、それが『サイコ』における母子の一体化にゆきつきます。

階段への視線、演出

さて、イングリッド・バーグマン扮する女性スパイは、クロード・レインズ扮するドイツ出身の資産家と結婚するのですが、その後、この二人がどのように階段を上るかを見ていただきたいと思います。

――ビデオ上映『汚名』

いま見ていただいたシーンは、二人が新婚旅行から戻ってきた場面ですが、彼らが階段を上るところを最後まで見せてはいません。二人が階段を数段上り始めたところでフェイドアウトして画面から消えてしまいます。これは結婚したばかりの二人が、この家で初めて一緒に寝室へと上る場面ですが、一緒に上るところをヒッチコックは最後まで見せない。これは、この階段の上にはクロード・レインズの母親がすでに寝ているということが、召使いの言葉でわかっているからです。母親の存在に気兼ねして堂々と上るという雰囲気にはなれず、静かに上り始めたところでショットが切れているわけです。

ちなみに、これもまた現在のアメリカ映画からは失われてしまった伝統なのですけれども、中年の魅力的な役者というのがいまはほとんど見当たりません。美貌の金髪女性をＦＢＩのスパイと知らずに情婦にしている『北北西に進路を取れ』のジェームズ・メイスンもそうですが、女がかたわらにいて不思議ではないほど充分に魅力的な容貌の持ち主が敵役として登場することで、ケイリー・グラントのＦＢＩ

アルフレッド・ヒッチコック『汚名』

職員が直面する「禁止」は解きがたい矛盾に直面します。みずからの愛と性的魅力だけでは女を救えないし、目的も達成できないからです。実際、ヒッチコックは、かつてバーグマンを愛したことのある中年の資産家を、ＦＢＩ捜査官以上の真剣さで女を愛している人物として描いています。

では、次を見ていただきましょう。

――ビデオ上映『汚名』

ここでは、夫婦は階段を一緒に上りません。階段を共に上らないということで、すでに夫婦間にひとつの感情的な齟齬が存在しているということがわかります。自分の妻はどうやら自分をスパイするために送り込まれてきたということに夫は気づいてしまっているので、一緒に階段を上らないのです。自分はこれから仲間たちと仕事があるのだといって、階段を上っていく妻を、これはちょっとやりすぎかなと思うような意味ありげな視線で見送る。疑惑はどこで現われているかというと、す

アルフレッド・ヒッチコック『汚名』

でにこの階段の場面で現われていることになります。

ここでは、二つの裏切りが交錯しています。身分を偽って資産家に近づいた女は、夫となった男へのあらかじめの裏切りにとどまらず、接吻までかわして陶酔のときを過ごしたFBI捜査官との関係をも隠蔽せざるをえません。資産家もまた、世間に対してはナチ残党の原爆製造グループとの関係を隠し、妻に対しては、地下に隠匿されたプルトニウムを隠さざるをえません。それぞれが相手に自己同一性を隠していた二重の仮面のどちらが先にほころぶかが、サスペンスを支えることになります。

夫婦がそれぞれかぶっていた仮面は、ほぼ同時にほころび始めます。地下のワイン貯蔵庫の存在を突き止めた妻は、パーティーの夜、FBI捜査官とともにプルトニウムの存在を発見します。それは、ゴダールの『映画史』「4a」の「アルフレッド・ヒッチコックの方法序説」で触れているワインセラーに並ぶボトルのなかに隠されていたのですが、資産家の夫は、妻がそのことに気づいたことに気づきます。

妻は夫の身分を突き止めた事実を夫に隠し、夫もまた夫で、秘密を暴かれたことに気づきながら、その事実を妻に隠します。それと同時に、秘密が暴かれたことを、原爆製造グループにも隠さねばならず、母親だけに事実を打ち明けることになります。それでは、妻をどう始末しようかと母親に相談する場面を見ていただきます。ここでは、資産家が二階へと通じる階段をゆっくり上っていくショットから始まっています。

――ビデオ上映『汚名』

ここでヒッチコックは、クロード・レインズが階段を上ってくるところを階段の上から俯瞰で撮っています。この映画のなかでクロード・レインズが完全に階段を上りきる唯一の場面がここなのです。いままでは上っていく妻をちらりと見やったり、妻と一緒に自分の寝室に向かおうとして途中でフェイドアウトされてしまっていたのですが、ここで彼はひとつの意志を持って階段を上っていきます。つまり階段を上ることは彼の決意でもあり、そのことをヒッチコックは表現しているわけです。

そしてその決意を母親に対して話します。息子であるクロード・レインズが「実はアリシア［バーグマン］が問題なのだ」というと、母親が勝ち誇ったようになるあたりが、いかにもヒッチコック的です。そこで、何とか妻を殺さなければならないわけですが、手荒な手段はとれないので、コーヒーなどに少しずつ毒を盛っていくことになります。コーヒーに混入された少量の毒薬によって緩慢な死へと追いやられる妻は、しかしその事実を知りません。連絡のために姿を見せた彼女の衰弱ぶりを、ＦＢＩ捜査官はアルコールによるものと勘違いします。ほとんどベッドに寝たきりになっている彼女が、原爆製造グループの前で朦朧として倒れてしまい、自分の寝室に幽閉されるまでを見ていただきたいと思います。

これも上からの魅力的なロングショットで始まって、実に見事な演出が行なわれています。イングリッド・バーグマンがめまいを起こす際の演出に、いかにもそれ

アルフレッド・ヒッチコック『汚名』

らしい目がかすんだ表現が行なわれています。目がかすんできたときに演出家はそれをどのように表現するかについては、ヒッチコックですらもあまりうまくいっていないのですが、ここではそれよりも全体の構図をどのようにとらえているかというところを見ていただきたいと思います。

――ビデオ上映『汚名』

彼女が卒倒する瞬間、倒れかけるところからロングショットに移行するという演出は、これは古典的な映画作家は誰もが心得ていたものです。彼女が倒れる瞬間に、ロングショットで遠くから彼女の倒れたところを見せるというショットもまた、いまではなかなかできなくなっていて、そこまで念の入った演出をする作家もいなくなってしまっています。何かが起こったとき、いかにしてロングショットに引くかということが、現在の映画作家にはなかなかできないのです。

いま見ていただいた場面では、先ほどクロード・レインズが自分の妻の正体を探

アルフレッド・ヒッチコック『汚名』

りあて、決意をもって階段を上っていった、あのキャメラアングルよりも、もっと高いところからの俯瞰で撮られていまして、全員が彼女の異変に気づいて彼女を支えながら階段を上っていきます。ここまで見ていただいてもわかりますように、まさに階段を上ったり下りたりすることがこの映画のひとつの基本的パターンになっており、そのつど違うことが起こっている。そして、彼女はついに寝室に幽閉されてしまいます。彼女はときどき街に出て、ケイリー・グラント扮するＦＢＩ捜査官と会って、情報を交換しあっていたのですが、幽閉されてから彼女が姿を見せなくなり、捜査官はやはり何か危険なことが起こっていることに気づき、彼女を救出しにいく。

彼女を救出するには、まず階段を上らなければならないのですが、どのようにして階段を上るのか。バーグマンが初めてその家を訪れたときとほぼ同じアングルで階段がとらえられ、その上に何ものかの人影を認めるケイリー・グラントは、それを有効なサインと受けとめ、一人で階段を上り、「聖域」を侵犯します。

――ビデオ上映『汚名』

寝室のベッドにまどろむバーグマンを認めたケイリー・グラントは、朦朧とする彼女を支えて階段を下りようとする。先ほど寡黙な階段といいましたけれども、この映画は、いかにして寡黙に階段を下りるのかがクライマックスになっています。ゆったりと湾曲したカーブを描いた階段を、テンポよくトントントンと下りるわけではなくて、ゆっくりと時間をかけて下りていく。『サイコ』にあったような、空中を落下するように転げ落ちることはなく、一段づつゆっくり足を踏みしめて下りていくというところに、引きのばされた緩慢さのサスペンスが滲み出てきます。

もちろん、ヒッチコックにおけるサスペンスには、疾走するサスペンスというものもたくさんあります。『北北西に進路を取れ』でケイリー・グラントがとうもろこし畑を逃げまどうシーンなどには、まさに疾走するサスペンスがあるわけですが、この『汚名』の場合は疾走とはまったく反対のことが起こります。急いでそこから逃げようとしながらも、ほとんど意識のない女性を抱えて、敵意ある視線に見つめられながら、またかたわらのクロード・レインズを牽制しながら、ケイリー・グラントはあくまでゆっくり下りてゆかねばならない。この作品に初めてこの階段が姿を見せたとき、それを落ちつき払って下りてきた母親が、ここではすっかり自信を失い、取り乱しています。母親の「禁止」の力学がもはや機能せず、解放の予感を感じさせます。

この映画の物語だけを見てしまうと、敵の家から愛する女性を救出するというだけの話になってしまいますが、この映画においては、人々が階段をいかにして上り、またその階段からいかにして下りるかが主題になっています。しかもその階段は、簡単に上ったり下りたりすることができるわけではありません。最後にケイリー・グラントがイングリッド・バーグマンを救出するわけですが、階段をいかにして上り、いかにして下りてくるのか、そのときに駆け下りることができなくなっている女性を支えながら歩くときに、何がどのように問題になるのか、というあたり

アルフレッド・ヒッチコック『汚名』

を見ていただきたいと思います。

先ほどは、卒倒した彼女を二階に幽閉するために、みんなが階段を上がっていきましたが、今度は夫と母親が共に階段を下り、ケイリー・グラントは敵に囲まれた状態でイングリッド・バーグマンを抱きかかえながら階段を下りていくというところに、ひとつのサスペンスが生み出されています。まさに「男と女と階段」のクライマックスです。これは非常に地味なクライマックスですが、しかしその地味さが見事な映画的達成となっています。まず問題は階段なのだということがわかったときのケイリー・グラントの目つきのショットがありますので、見ていただきたいと思います。

――ビデオ上映『汚名』

前の場面では、ケイリー・グラントが階段を二段づつ上っていくところをご覧いただけたと思います。急いで階段を駆け上がり、救出後に階段を下りるときは、今度はゆっくり下りる。しかもおわかりいただいたと思いますが、階段を下りるシーンには階段そのものはまったく出てきませんで、顔のクローズアップだけで成り立っています。まるで足場のない場所を宙づりのまま人々が移動しているかのようです。

母親とその息子、そしてその妻、そしてＦＢＩ捜査官でありながらも彼女に恋してしまったケイリー・グラント。この四人がゆっくりと階段を下りていく。ケイリー・グラントはクロード・レインズに対し、「自分の妻はスパイだった」と告白したら、お前の実態はたちまち仲間たちに知られるところとなり、お前自身が裏切り者として殺されるのだから、自分に同調せよというおどしをかけながら、ピストルが撃たれるわけでもないし、ナイフが突きつけられるわけでもなく、一歩一歩下りていくことになります。そしていままでは必ず段が見えたあの階段がここではまったく見えない演出がなされています。

こうしてご覧いただくと、映画は「男と女と階段」でできるとヒッチコックが思

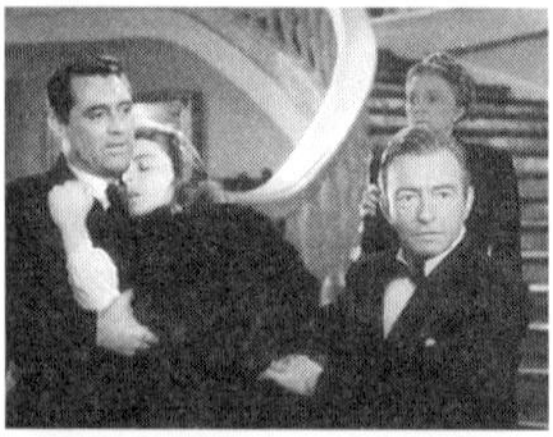

アルフレッド・ヒッチコック『汚名』

ってしまったことが、よくおわかりになると思います。この映画は、第二次世界大戦直後の作品で、しかもRKOという比較的お金のない会社の製作ですから、あまり大がかりなことはできない。そこでヒッチコックは、ひとつ、ゆっくりと湾曲したカーブを描いた階段を室内に作ってくれれば、それだけで映画を撮ってやろうといって撮ってしまったかのように見えます。彼の作品としては、どちらかといえば安上がりの映画ですが、であるが故に人気のあったバーグマンを使わなければいけない。バーグマンはヒッチコックに対し、いろいろ面倒なことをいい出したようですが、ちょうどこのころからバーグマンは、会ったこともないイタリアのロベルト・ロッセリーニに手紙を書いて、あなたの映画は素晴らしいといって恋に落ちてしまうといった、いわば頭でっかちな女性です(笑)。ケイリー・グラントが部屋に迎えに行ったときの、彼女のあのクローズアップは私はだめだと思います。紗《しゃ》をかけるなり何なりしないと、元気な女性がたんに義務から顔をしかめているだけ、というふうに見えてしまいます。その意味で、演技のうえではあまり成功作のようには思えないのですが（笑）、それに比べて細部の演出は見事なものです。

階段のシーンは全部で七回出てきますが、ヒッチコックは七回ごとにすべて演出を変えています。そして実は、最後にケイリー・グラントがイングリッド・バーグマンを救いに行ったときに、初めて階段そのものに作中人物の視線が投げかけられます。これは、あたかもケイリー・グラントだけがヒッチコックの作品を知っている人物であるかのように、階段を見るなり、問題はその上にあると気づくのです。こうしてヒッチコックの登場人物が、われわれにやっと追いついたことになるのです。

こうして「禁止」から「解放」された男女があたかも不意に成立した恋人のようにキャメラの外部に去り、取り残された資産家の夫に原爆製造グループのリンチが迫ることを予感させるショットで映画は終わります。そこには、反ナチスというよりハリウッド的な勧善懲悪の論理さえ機能しておらず、「敵役」の蒙る制裁というより、むしろ危険な女を愛してしまった中年男の「悲劇」が描かれています。実際、この映画が、危険な女性を愛してしまった中年男の悲劇として終わっていることを否定するのは困難です。本来であればいろいろな配慮によって身の安全を優先しなければいけないのに、イングリッド・バーグマンに惚れてしまったばかりに自滅する悲しい中年男の話として描かれている。最後の「THE END」が出てくるところはまさにそれであって、やはり危険な女性には近づくべきではないという映画になっており、それなりの同情心を引くような役者であるクロード・レインズがこの役を演じていたということです。

類似の題材を扱った『北北西に進路を取れ』のＦＢＩ捜査官と金髪の女スパイとは、断崖の宙づりの危機から嘘のように救われたとき、たちどころに愛を確信しあうという明るい結末におさまっていますが、その明るさが同じＦＢＩ捜査官のケイリー・グラントと女スパイのイングリッド・バーグマンには見られません。それは、四〇年代のヒッチコックが、ハリウッド的なハッピーエンドにまだ恥じらいを覚えていたからかもしれません。

「男と女と……」

これまで見てきましたように、映画はごく限られた僅かなものでできています。「男と女と階段」があればいい。みなさんは、映画を撮っておられる方も、これから映画を目指そうという若い方も、映画を複雑に考えすぎています。映画はもっと単純なものであって、「男と女と階段」があればいいんだということ、そして「階段」の代わりに何か他のものを考えていけばいいのです。

いったい階段の他にどんなものがあるだろうかと考えることで、映画が始まります。それと同時に、ごく単純なキャメラワークで、階段という何の変哲もない装置が、さまざまな意味をあたりに押し拡げていくことに注目してください。階段がたんに階段を意味するのではないということは前にもいいましたが、『汚名』のクライマックスでは階段そのものにキャメラが向けられておらず、男女の顔のクローズアップのショットだけが、降下を表現していた点に注目していただきたいと思います。「男と女と階段」は、階段を視覚的に見せることなく成立するのです。

私は、最近の映画も決して嫌いではなく、何でも見ております。『サイン（Signs）』（二〇〇二）であろうと何であろうと見てしまいますけれども、しかしやはりヒッチコックのような人がかつて確かに存在してしまいますと、いまのアメリカ映画は若干何かがもの足りないという感じがしてしまいます。そのひとつは、今日も強調しましたように、アメリカ映画から魅力的なキスシーンが失われてしまったということですが、これは魅力的なアメリカ映画のキスシーンを少年時代に見て育ってしまったという、私の世代的な限界なのかもしれません。ただ、そのような時代が明らかにあって、いろいろな証言が実際にあるわけです。共演した女優たちによれば、誰よりもキスがうまかったのはゲイリー・クーパーだという人がいます。いや、クラーク・ゲーブルの唇が忘れられないといっている女優さんもいるようです。思えば、贅沢な時代であったと思います。最近は女性の身体がことごとく暴かれてしまい、胸の隆起ばかりに人々の関心が集中しているかのようで、幼児化の進行は押しとどめがたいかに見えます。しかし、それとは違う魅力ある接触が男と女のあいだには起こりうるのだということを思い出させてくれるという意味でも、このヒッチコックの映画はじっくり全部見直していただきたいと思います。そして、その背後に決まって姿を見せる階段の魅力を改めて認識していただければと思います。

今日のお話は、これで終わらせていただきます。

第三章　映画における歴史

今日は「映画における歴史」について考えてみたいと思います。

「歴史」といえば、ジャン＝リュック・ゴダールという人騒がせな映画作家がおりまして、そのゴダールが『映画史（Histoire(s) du Cinema）』（一九八八－九八）という物騒な作品を撮ってしまいました。これはビデオによる作品ですが、これに触れずに「歴史」を語れそうにありませんので、ゴダールの『映画史』を問題とせざるをえません。しかし、それを要約していたのでは人騒がせな映画作家の思う壺ですので、これをある視点から切断してみたいと思います。その視点を、「女性」といたしました。なぜ「女性」であるかは、のちほどお話しします。とにかく、今日は、「女性たちによるゴダール『映画史』の横断の試み」としてお話しさせていただきたいと思います。

ゴダールの『映画史』は、ここせんだいメディアテークでも参考上映をしていただき、五時間の快楽、あるいは苦悩に耐えられた方も多くおられると思います。このゴダールという人騒がせな映画作家は人間ではない、異星人だと思っておりますが、そのエイリアン独特の身振りにつきまして、私なりの考えを持っております。この『映画史』という作品のなかで彼がどのような仕草を演じているかについては、「ゴダールの〈孤独〉――『映画史』における〈決算〉の身振りをめぐって」というテクストにも書いておりますので、ご参考いただければと思います（https://mube2.jp/参照）。

そのテクストの肝心な点だけここでレジュメさせていただきますと、ゴダールは、日常生活で誰もがやっている三つのことができない厄介な映画作家だということです。彼はまず、いつも遅刻ばかりして、時間どおりに来ることができない。また、非常にせっかちで、待つことができない。さらには、人からものを奪いはしないが、人にものを与えることもできないのです。そのような三つの性癖を素知らぬ顔で演じつつ、彼は『映画史』をもって映画史百年の歩みを決算した、ということになっている。その三つのゴダール的な性癖について私のテクストは語っているのですが、到底それだけで語り尽くすわけにはいかないいくつかの問題をゴダール自身は抱え込んでいます。また、映画が一八九五年以来今日まで積み上げてきたさまざまな試みが、すべて『映画史』に語られているわけでもありません。

そこで、ここでは、ゴダールの『映画史』を、「時間どおりに着けない」「ゆっくり待てない」「他人にものを与えられない」という性癖によってではなく、その三つの性癖が作り上げている『映画史』を、自由に横断すべき対象とみなしてみたい。ある切り口で切断し、その横断面をじっくり検討してみたいと思っています。横断面を明らかにする切り口としてはいろいろなものが考えられます。彼がどんな映画作家を引用しているのかという作家による切断が当然ありうるでしょう。また、全編を通して何度も繰り返されている言葉、例えば「命がけの美」や「絶対の貨幣」、あるいは「闇からの回答」といった言葉による切断も考えられます。それらの言葉は、明らかに文字として画面に現われてくるものだからです。またしばしば繰り返されているテクスト、ロベール・ブレッソンの『シネマトグラフ覚え書き』やエリー・フォールの美術史、哲学者ハイデッガーの言葉、小説家セリーヌの文章、作家でもあり政治家でもあったアンドレ・マルローの言葉などの引用による切り口もあるでしょう。引用されている作曲家や画家にしたがって切ってみることもできます。さらには、子供という切り口による横断もあるはずです。『映画史』には、ゴダール自身の少年時代の肖像写真や、ロッセリーニの『ドイツ零年（Germania Anno Zero）』（一九四八）の少年や、フリッツ・ラングの『ムーンフリート（Moonfleet）』（一九五四）の少年や、チャールズ・ロートンの『狩人の夜（The Night of the Hunter）』（一九五五）の幼い兄弟のように、映画のなかで重要な意味を持っている子供たちが何人も出てまいります。したがって、ゴダール自身が子供が好きかどうかとはまったく関係なしに、『映画史』を子供によって切ってみたときの横断面にも何がしかの意味があるでしょう。

ゴダールの『映画史』――女性たちへの視線

しかし私はここで、「女性たち」を登場させてみたい誘惑にかられます。これは私の方法的な選択というより、『映画史』は、それをご覧になった方なら誰もがおそらくは最初からゴダールがここに女性を召喚したがっているのではないかと思うような仕掛けになっているからです。「1a」の「すべての歴史」ではっきりとした言葉で召喚されているのは、ハリウッドのプロデューサーであるアーヴィング・タルバーグとハワード・ヒューズという二人の男性です。しかし、彼らとの関係で、あるいは彼らといっさい無関係に、女性たちの名前やイメージが作品にちりばめられている。そこで、ゴダールにおける女性という一般の問題ではなく、彼の『映画史』を女性たちがどのように横切り、そのことにゴダールがどのように敏感であったかということを、今日ここで皆様と一緒に見てみたいと思っております。

　それに先立って指摘しておきますが、ゴダールの『映画史』は映画史の年表ではありません。年代記的な記述はあえて避けられているし、編年史を目指すにはあまりに多くの間隙と省略があり、またもともとそのようなことを目指してはおりません。また『映画史』は映画史の要約の試みでもありません。映画史の主要な登場人物をめぐるクイズでもないわけです。ゴダールにおける引用をめぐってはついクイズをしたがる人がいまして、誰にきかれたわけでもないのに、「いま画面に映っていたのは誰々だ」ということをいいたがる。そうした人々の存在を私は容認しますけれども、ここで私がそのようなことをしたいわけではありません。

　ここでのゴダールにとっての映画とは、彼を映画作家として形成するのに何らかのかたちで貢献したものにつきています。まるで、彼が映画について書き、映画を撮り始めた一九五〇年代までの映画だけが映画の名に値するといっているかのようです。自分を作り上げたものだけが映画だとするこのゴダール的な強引さは、当然、その後にさかんになったアジアの映画などを大胆に無視することになりますが、その姿勢を批判しても始まりません。ゴダールは明らかに二〇世紀の前半に生まれたヨーロッパ人として『映画史』を撮ったわけで、それとは異なるいくつもの『映画史』が存在するはずですが、それはまだ誰によっても撮られていないし、構想されてすらいないというだけなのです。

すでにいったことですが、ゴダールの『映画史』は冒頭から女性を召喚しています。あるいは女性の参加を要請しているとしか見えないところがあります。それを『映画史』の最初の三分ほどを見ていただくことによって確かめ、そのうえで時間の関係で省略せざるをえないかもしれませんが、『映画史』に召喚されている女性のうち、十四人を見てみたいと思います。

しかし、それはゴダールの『映画史』に召喚された女性たちについて、私が一人ずつコメントするというかたちでなされるものではありません。ゴダールという人はなにせ性急な人で、待てない人ですから、女性をめぐっても大きな文脈を作ることなく、ふとその一断片を見せただけで、しばしばあっというまに別の話題に移ってしまったりします。ゴダールのそうした断片性はたいへん素晴らしいものだと思いますが、その移り気な飛躍によって見えにくくなるものをここで復活させたい、つまり断片ではなく、ある種の持続としてここで復活させたいと思っております。

そこで、『映画史』の冒頭部分を見てみましょう。

『映画史』の断片を持続によって回復する試み

——ビデオ上映『映画史』

いま見ていただきました冒頭部分では、ゴダール自身の声が聞こえたり、何やら物音が聞こえてきたりしますが、最も目立つイメージはヒッチコックの『裏窓（Rear Window）』（一九五四）で望遠レンズのキャメラをかまえるジェームズ・スチュアートの顔だと思います。それを縫うようにして、あるいはそのバックにいわば染み出る

ジャン=リュック・ゴダール『映画史』に召喚された女性たち

1 アイダ・ルピノ
アイダ・ルピノ『重婚者』1953

2 リタ・ヘイワース
チャールス・ヴィダー『ギルダ』1946

3 シド・チャリシー
ヴィンセント・ミネリ『バンド・ワゴン』1953

4 リリアン・ギッシュ
デーヴィッド・W・グリフィス『東への道』1920

5 エリザベス・テイラー
ジョージ・スティーヴンス『陽のあたる場所』1951

6 アンナ・マニアーニ
ロベルト・ロッセリーニ『無防備都市』1945

7 ジャネット・ゲイナー
フリードリッヒ・ムルナウ『サンライズ』1927

8-9 ヴィッキー・フレデリック、ローレン・ランドン
ロバート・アルドリッチ『カリフォルニア・ドールズ』1981

10 マルグリット・デュラス
TV インタヴュー

11 ルネ・ファルコネッティ
カール・テホ・ドライヤー『裁かるるジャンヌ』1928

12 フロランス・ドレー
ロベール・ブレッソン『ジャンヌ・ダルク裁判』1962

13 ティッピー・ヘドレン
アルフレッド・ヒッチコック『マーニー』1964

14 ナタリー・ウッド
ジョン・フォード『捜索者』1956

ようなかたちで、何人かの女性のイメージが出てまいりました。

『映画史』は「1a」から「4b」まで、合計八つの章で構成されていますが、それぞれの断片がある人物たちに捧げられているという特徴があります。その捧げられている相手が、「1a」においては二人の女性、メリー・メールソンとモニカ・テゲラールです。メリー・メールソンは、名高い美術監督だったラザール・メールソンの妻だった女性で、夫の死後は、シネマテーク・フランセーズの創設者である名高いアンリ・ラングロワのパートナーとして運営を支えた人です。モニカ・テゲラールはロッテルダム映画祭のスタッフですが、彼女もディレクターとして活躍したというより、むしろその運営を支え、チリの亡命作家ラウール・ルイスの初期の作品のプロデューサーとして力になった人で、表の顔というより、メリー・メールソンのように、むしろ陰の顔なのです。いわば地下水脈としての女性に「1a」は捧げられていることが、『映画史』における女性のイメージを象徴しているといえます。

この二人の名前が挿入されたあたりで、オーソン・ウェルズの『アーカディン／

秘密調査報告（Mr. Arkadin/Confidential Report）』（一九五五）の一部が出てきたりしておりますけれども、その後に画面がやや透明性をおびたところにひとりの女性がキャメラの前に立っている写真が出てきます。その後に彼女の出演作の一部が短く挿入され、さらにキャメラの前の写真が映しだされるのですが、これはアイダ・ルピノという、ハリウッドのきわめて個性的な女優であり、しかも映画監督にもなった希有の人物であります。しかし、ここではアイダ・ルピノという呼びかけも名指しも行なわれてはいない。彼女のイメージが、ただ三度ほど『映画史』の冒頭に姿を見せているだけなのです。

アイダ・ルピノはハリウッドで有名なわりには日本ではあまり知られていませんが、どなたかこの名前をご存じだった方はおられますか（客席で手が挙がる）。何人かおられますね。ラオール・ウォルシュの作品にしばしば登場しており、『ハイ・シエラ（High Sierra）』（一九四一）でハンフリー・ボガートの相手役をつとめたり、ニコラス・レイの『危険な場所で（On Dangerous Ground）』（一九五一）などに出ている、一九三〇年代から五〇年代にかけてのハリウッドの大スターのひとりです。ところが、アイダ・ルピノはある事態をきっかけにして自分でキャメラを回し、監督になったのであり、この転身が一九四〇年代後半のハリウッドの奇妙な現象なのです。なぜいままで大スターであった人が監督になるような状況があったのか。これを詳しく述べますとほぼ一時間くらいが必要になってしまいますから、事態としては、ハリウッドのメジャーな撮影所が危機に陥り、その限界を見極めた人たちがより規模の小さな独立プロで生き残りをはかったという現象が四〇年代後半に起こった、ということだけをここでご記憶いただければいいと思います。

ちなみに、彼女が出演している映画は日本でもレンタル・ビデオ屋に行けば何本かありますが、彼女が演出した作品は日本ではほとんど見つからず、アメリカからとりよせねばなりません。ほとんど日本では見られない彼女の監督作品のなかに『重婚者（The Bigamist）』（一九五三）という面白い作品があります。それが『映画史』に引用されているわけではありませんが、ここでぜひ見ていただきたいと思います。

ひとりの男が、妻を愛していながら、あるきっかけからもうひとり別の女性と親しくなってしまい、その女性と子供までもうけてしまうという悲劇的な、ハリウッドではある時期まで長らく避けられてきた題材の作品です。その作品をアイダ・ルピノが自分が出演しつつ演出するということをやってのけたわけですが、この作品のなかでアイダ・ルピノが最初に登場するシーンを見ていただきたいと思います。私はこの女優が大好きなのですけれども、この女優を好むのは私にどこか邪な思いがあるからなのか、それとも皆様もやはり優れた女優と思っていただけるのか、それを知りたいような気もいたします。

たまたまロサンゼルスに出張に来た会社員のひとりが、時間が余ったのでたまたまハリウッドの街を遊覧するバスに乗るという場面です。そこにアイダ・ルピノが登場します。運転手がいろいろなスターたちの家の前を通り、説明などをしておりますから、「あのスターがこんな家に住んでいるのか」と、お楽しみいただきたいと思います。

——ビデオ上映『重婚者』

エドモント・オブライエンという、その後はかなり有名になった俳優ですが、どうしてこのような美男とは呼びがたい不細工な俳優が女性に近づく映画が出てくるのかというと、そこでこの映画の組成がわかってまいります。これは、いわゆるB級映画なのです。B級映画というのはくだらない映画の代名詞のように思われておりますが、そうではなく、予算が限られた作品で、大スターを長く拘束しないで、B lotという撮影所のなかで撮られたものであって、まさにこの作品は典型的なB級映画として作られています。大スターのアイダ・ルピノは、監督になるにあたって、そのような作品だけを作る独立プロを立ち上げました。

アイダ・ルピノによるバスのなかの演出は見事なものです。一人座っている彼女に男が接近する場面のショットなど、見事に決まっています。彼女はイギリスで生まれた女優ですが、第二次世界大戦後にちょうど赤狩りが始まり、ハリウッドの屋台骨が傾き始めたころに、淡々とB級的な作品を撮り始める。ゴダールは、そのことにオマージュを捧げているのです。そのことを見逃しますと、このゴダールの『映画史』のかなりの部分は理解できないことになってしまいます。アイダ・ルピノという、ゴダールが好きであったB級映画の監督——彼女自身はB級の女優ではありませんけれども、いわばB級映画の監督になりました——を『映画史』の導入部に登場させている。これはひとつの宣言であるわけです。以前の豪華なハリウッド映画のような演出はとてもできないと思っていたゴダールは、アイダ・ルピノのB級作品を見て、このような作品なら自分にも撮れると思ったはずです。それは、アイダ・ルピノのイメージとほとんど同時に、ヴェンダースの『ニックス・ムービー／水上の稲妻（Nick's Movie）』（一九八〇）のニコラス・レイの姿が出てくることとも関係しています。レイの処女作『夜の人々（They Live by Night）』（一九四九）を見て感動したゴダールが、こうした規模の映画なら自分にも撮れると思ったのは間違いありません。つまり、映画作家ゴダールは、アイダ・ルピノやニコラス・レイの一九四〇年代の映画によって作られたのです。それを、ニコラス・レイだけではなく、むしろキャメラを背にしたアイダ・ルピノの写真によって描こうとしているところに、『映画史』を女性で切ってみることの意味があります。このような女性への手招き、あるいは女性への接近の身振りが、冒頭からはっきり出ているということをまず確認しておきたいと思います。

実は『映画史』に登場する女性で映画監督であった人はアイダ・ルピノに限られていますが、それでは、その後どのような女優たちが登場することになるのか。何人かピックアップして、ゴダールが断片化してしまったものを、いま『重婚者』によって示したように、ある持続を持って回復してやりたいと思います。

ゴダールとミュージカル

——ビデオ上映『ギルダ』

チャールス・ヴィダー『ギルダ』

映画をちょっと知っている人が、「日本ではよく男性が女性に平手打ちをくらわせるけれども、外国の映画ではそんなことは絶対にない」などと小賢しげにいいますが、とんでもありません。これはグレン・フォードがリタ・ヘイワースに派手な平手打ちをくらわせる有名なシーンで、『ギルダ（Gilda）』（一九四六）というチャールス・ヴィダーの映画のなかでは最も有名な作品です。上品な女性を装いつつも、ある人物の囲われ女になっていた女性が、それが嫌になって国を飛び出し南米に行く。そこでいわば酒場の歌手として生活を送るという、おそらく当時では考えられないほど、よくこれで検閲が通ったと思うほど「あられもない」ことで有名な場面です。「あられもない」というのは、リタ・ヘイワース自身が自分のなかに眠っていた最も醜いものを挑発的に全部さらしてしまったということですが、これが第二次世界大戦後に大当たりし、リタ・ヘイワースは「原爆女優」として一気に人気の頂点に達します。リタ・ヘイワースは本名はマルガリータ・キャンシノ・ヘイワースという名前で、ゴダールもカンシーノと『映画史』のなかで呼んでいますけれども、その後、彼女はオーソン・ウェルズに近づき、そして彼と結婚します。オーソン・ウェルズがリタ・ヘイワースのブルネットの髪を完全にブロンドにしてしまったのは有名な話ですが、二人が抱擁する『上海から来た女（The Lady from Shanghai）』（一九四七）の一場面は、おそらくスチール写真としてその後に短く挿入されています。

ゴダールはなぜこの部分を引用したのか。これはおそらく戦後の映画史における商品化された女性と、それを周りから見つめている男たちの視線との最も醜い争い、といったようなものを表わしているからです。女性が、自分自身が踊り、歌う瞬間を、あからさまなセックス・アッピールの視覚化されたイメージとして男たちの前にさらさねばならないというアメリカの消費社会的な要請によって、身を委ねる、それを最も見事に表現したのが『ギルダ』です。これはゴダールが撮りました『男と女のいる舗道（Vivre sa vie）』（一九六二）にもつながっている問題だと思います。

次に、ゴダールがそのイメージをほんの少しづつ小出しにしているＭＧＭの色彩ミュージカルの一場面を見てみます。『映画史』にしばしば部分的に登場しているひとりの女優、あるいはダンサーといってもいいかもしれませんが、シド・チャリシー――本当の発音はシド・シャリスだといわれたりしますけれども――の踊りを、ここでは、『映画史』に出てくるのとは違った場面ですが、シド・チャリシーとフレッド・アステアとがデュエットを踊るヴィンセント・ミネリ監督の『バンド・ワゴン（The Band Wagon）』（一九五三）の優雅な場面を見ていただきたいと思います。

――ビデオ上映『バンド・ワゴン』

この『バンド・ワゴン』公開のころは、ミュージカルが全盛期を過ぎており、その最後の輝きとしてシド・チャリシーが出てきたのですが、ご覧になっただけでおわかりになるように、身体が大きいわけです。この映画のなかの台詞でも、戦前からのミュージカル・スターだったアステアが「彼女は背が高すぎる」という場面が出てくるのですけれども、この大柄なシド・チャリシーが無理に踊ったことで、ミュージカルは消滅の方向に向かったと私は思っております。彼女のスラリと伸びた

ヴィンセント・ミネリ『バンド・ワゴン』

身体はまったく素晴らしいと思いますが、三〇年代のジンジャー・ロジャースとフレッド・アステアのコンビのような落ちついた雰囲気は失われてゆきます。

ここで注目していただきたいのは、道を歩いている二人が共に求めあっているところです。それは、接吻でもなければ、手を握ることでもなく、無意識のうちに歩調を整えることで表現されます。こうして、ミュージカルは、今日のセックス描写などがまだほとんどなかった時代の高度にセクシーな表現です。求めあっている二つの唇ではなくてまさに歩調を共にしあっている二人の男女が、いきなりくるりと回る瞬間、それを見るといつも泣いてしまいます。年とともにますます涙もろくなっておりますので、夕べもそのシーンで泣き崩れ、ほとんど今日の準備の時間がなくなってしまいましたが、あれだけ長いシーンをたった三つのショットで撮るというヴィンセント・ミネリという監督の素晴らしさ、これはゴダールにはとてもできないことです。ゴダールがこの作品のこの場面を引用していないのは、ゴダールが嫉妬に狂っているからだと思います。ご覧いただいたように、男性と女性がくるりと場所を変えたところでショットが変わっているのですが、ほとんどショットが変わっていないように見えてしまう。このような素晴らしいショットに嫉妬しているのではないかと思います。

これ以後、いわゆるこうした愛の行為の表象としてのミュージカルは衰えていきます。それに代わって、愛する男女は、まさに接吻しあいそして愛撫しあいます。それを見せずに、その代わりとして踊り、そこに音楽が流れているというミュージカルの形式がハリウッドからだんだん消えていきます。その最終的な最も醜いかたちは、現在の日本のテレビに流れている某消費者金融のＣＭです。身振りが音楽と同調していなければ、お互いの身体の動きとも調和を欠いており、ほとんど何にも同調していない女性の肉体がただ動いているだけです。あれを見ていると人々は不幸になるので、見るべきではないと思います。

ミュージカルでは、ダンスの瞬間、それまで語られていた物語の流れがいったん止まります。しかし、流れを完全に止まらせないための演出の経済的配慮というのがあるのです。たがいに求めあっている男女がお互いにその愛を語りあうという状況を、音楽と踊りで改めてなぞるように表現することになるので、物語の流れが止まっているようでいて止まっていない。つまりそこに、愛のメタファーとしてひとつの持続が形成されてくる。断片の人ゴダールはその持続の形成を嫉妬しつつ憎んでいるのです。彼自身もハリウッド的なミュージカルにはあこがれており、『女は女である（Une femme est une femme）』（一九六一）や『気狂いピエロ（Pierrot le fou）』（一九六五）ではそれへのオマージュのような場面を撮っていますが、断片の人ゴダールにはその模倣は不可能でした。物語的な持続のなかで、見ている人たちが少しでも自分の感性を押し広げながら見ようとするときに、ゴダールは次々にそれを断ち切って断片化していく。だから、ミュージカルは自分には不可能なジャンルだという諦めが『映画史』にはっきりと描かれています。

ゴダールの確信

次にご覧いただくのも、そのような断片として『映画史』に何度か登場しているリリアン・ギッシュです。グリフィスの『東への道（Way Dawn East）』（一九二〇）のラストシーンです。

――ビデオ上映『東への道』

『映画史』では、かなり早い段階で『散り行く花（Broken Blossoms）』（一九一九）の題名が引用されているように、すでにさまざまなかたちで登場していたリリアン・ギッシュですが、「映画とは、女と銃である」というグリフィスの言葉が出てくるところです。ここでは、リリアン・ギッシュが倒れ込むところまでを見ていただきましたが、『映画史』では、その映像と、サルペトリエール病院でのヒステリー患者の写真とが併置されたかたちで示されています。「嵐を抜けて氷原に横たわるリリアン・ギッシュと、サルペトリエール病院のオーギュスティーヌとのあいだの違いはいったいどこにあるのか」というゴダール自身によるナレーションが聞こえてきます。ゴダールは、思いもかけぬ類似に気づく奇妙な才能に恵まれた人ですが、ここでは、典型的な一九世紀の病であるヒステリーを通して、映画にまつわりつく一九世紀性を強調しようとしているのでしょうか。

もちろん、氷上に横たわるリリアン・ギッシュのイメージは、それに先立つ文脈からしてヒステリーとは無縁のものなのですが、断片の人ゴダールの大胆さは、しばしば文脈の違いを無視した類似を見極めます。実際、その類似は、映画史を超えた深いところで何かを告げているのかもしれません。しかし、ここでのゴダールは、『東への道』の物語的な文脈にいっさい興味を示していません。リリアン・ギッシュの自伝によると、極寒の季節に現実の流氷の上でのシーンの撮影に、グリフィスはトリックをいっさい使っていなかったとのことですが、ここでの彼女の気絶は、当然、その後に描かれる救出との関係で語られねばなりません。グリフィスは「最

D・W・グリフィス『東への道』

後の瞬間の救出」――ラスト・ミニッツ・レスキュー――という物語的な技法の発明者であり、本来なら、この場面をそれと無縁に語ることは無意味なはずです。にもかかわらず、グリフィス的な技法をいっさい無視するゴダールが、女性の肉体が背負ったヒステリー的な転倒のみを話題にしているのはなぜでしょうか。

ひとつは、断片の人ゴダールにとって、文脈を超えた類似のほうが遥かに多くのことを語っているはずだという確信があるからです。次に、自分には、ラスト・ミニッツ・レスキューのような語りができないという確信が彼にはあるからです。できない、というより、自分の映画は、そうしたかたちでクライマックスを描く物語とは無縁だという確信が彼にはあるというべきでしょうか。断片の人ゴダールは、ミュージカルが撮れないように、起承転結のある物語も撮れないのです。その確信が、女優のイメージを通して描かれていることに、『映画史』の貴重さがあるのだといえます。

ヒステリーとの関係で映画の一九世紀性に言及したゴダールは、奇妙な文脈の無視によって、映画の二〇世紀性を語り始めます。そのとき召喚されるのは、『陽のあたる場所（A Place in the Sun）』（一九五一）のエリザベス・テイラーです。

——ビデオ上映『陽のあたる場所』

ご覧いただいたように演出そのものは凡庸きまわりないものですが、ゴダールはこじつけとしか思えない奇妙な論理を展開して、この映画に言及しています。エリザベス・テイラーがこれほど美しいのは、実は監督のジョージ・スティーヴンスが十六ミリキャメラを持って、強制収容所を撮ったことがあるからだというのです。スティーヴンスは一九三〇年代から映画を撮っておりまして、従軍して最初の十六ミリのカラーを持ってアウシュビッツに行き、撮影していたことは確かにあります。ただ、それがここでエリザベス・テイラーの美しさに反映していると強弁するゴダールの言葉をそのまま信じることはもちろんできません。

この場面でも、エリザベス・テイラーのイメージは断片化されています。では、

ジョージ・スティーヴンス『陽のあたる場所』

なぜゴダールが断片化にこだわるかというと、いま見ていただいたシーンをじっくり見てみると、ゴダールはたえられないわけです。たえられないといっても、素晴らしくてたえられないのではなく、演出の凡庸さにたえられないのです。その意味で、ゴダールがつまみ食い的に、立ち上がるシーンだけを何度も見せていたのは、ある意味で正しいともいえます。そして、ここで第二次世界大戦後のハリウッド映画と、ヨーロッパにおける第二次世界大戦の展開との関係に言及しているという点では、二〇世紀とどのような関係をとり結ぶべきかという私たちの視点と重なり合うものを持っているということができます。

ゴダールの歴史認識

ゴダールの『映画史』は、「1a、b」と「2a、b」がほぼ戦前を扱っています。戦前といってもそれまでの映画の歴史五十年をすべて扱っているのではなく、一九三〇年代を中心に活躍したアーヴィング・タルバーグというアメリカの代表的なプロデューサーが一九三六年に死に、そしてそれとほぼ同時にヒトラーという人が出現し、こちらは一九四四年に死にますが、その二つの死を重ね合わせるようにしたのが『映画史』におけるゴダールにとっての二〇世紀の前半である。それに対して、「3a、b」と「4a、b」はそれ以降に起こった事柄を語っています。

では、二〇世紀の後半とは、『映画史』にとってどんなイメージを形づくっているのか。第二次世界大戦の直後に、イタリアという国だけが唯一アメリカ映画的なものとは異なる独自の映画を作り上げたという視点から始まり、レジスタンスを映画として描けなかったフランス映画との対比が語られ、それから、みずからもそれに加わったフランスの「新しい波」ヌーヴェル・ヴァーグまでのほんの十数年が、ゴダールにとっての二〇世紀の後半なのです。真に変化を実現したのはわれわれだけだ、というよりむしろゴダールだけだというかのごとき歴史認識をどう考えるか。自分は最後の映画作家だという自覚をどう処理するか。問題は、そのゴダール的なフィクションが正しいか否かではなく、その大胆な挑発に『映画史』が応えているかどうかです。すでに述べておいたように、ゴダールの『映画史』とは異なる『映画史』が撮られねばならないのですが、それはまだ撮られておらず、構想さえされていないのです。

そこで、第二次世界大戦が映画にもたらした真の変化としてのイタリアの場合を見てみましょう。この変化も、女性のイメージによって表現されています。そのときゴダールが召喚する作家はもちろんロベルト・ロッセリーニなのですが、『映画史』の画面に具体的に目にするのは、アンナ・マニアーニのイメージだからです。それは、アンリ・ラングロワに対してメリー・メールソンが演じたような関係だといえるかもしれません。

これまで何度も繰り返し引用されているロッセリーニの『無防備都市（Roma, città aperta）』（一九四五）の一場面をとりあげてみたいのですが、ゴダールの引用部分だけでは充分ではないので、アンナ・マニアーニがどのようなかたちで問題のショットまでいきつくのかを見ていただきたいと思います。ここでもゴダールが断片化したものに、持続を回復するのが私の役割となります。アンナ・マニアーニは、そのような告白が何ごとをも意味していないという条件で申し上げますけれども、私が世界で最も好きな女優です。彼女が、銃撃で無惨に倒れる瞬間までをご覧ください。

――ビデオ上映『無防備都市』

先ほどの『陽のあたる場所』は五〇年代に入ってからのものですが、この『無防備都市』は第二次世界大戦直後に撮られたものです。女性にキャメラを向けた場合の映画としての新しさといいますか、瑞々しさがまったく違います。ジョージ・スティーヴンスの『陽のあたる場所』は、エリザベス・テイラーが水着の上半身を起きあがらせるという瞬間だけが繰り返し引用されているのですが、全体を通して見てみると、ごく凡庸な演出しか行なわれていないことはおわかりいただけたと思います。それに対して、『無防備都市』の場合は、アンナ・マニアーニが愛する男が

ロベルト・ロッセリーニ『無防備都市』

収容されたトラックに向かって走り出し、銃撃されて倒れるまでの演出が、どこをとっても生きている。それを実感していただけたかと思います。

ゴダールは、アンナ・マニアーニが倒れる瞬間を何度も反復して、いろいろなところで使っています。しかし問題は倒れるショットだけではなく、自分の夫がゲシュタポに引導される瞬間、そのことを理解した直後のアンナ・マニアーニの表情の激変ぶり、夫を乗せたトラックを追ってもどうしようもない状況に置かれていることを知っていながら、なおそうせざるをえずに追いすがる女としての痛ましい存在感を持続のなかでとらえるとき、この場面の素晴らしさはさらに深まります。ゴダールがいっていること、すなわちアメリカ映画とはまったく異なるものがイタリアだけに出現したのだという現実は、そうした一連の流れのなかで痛いまでによくわかります。ここで私は、断片の人ゴダールを呪いたい気持ちです。ロッセリーニに対して、またアンナ・マニアーニに対して、それは許しがたい非礼ではないかといいたくなってしまいます。この場面が撮られただけでも、二〇世紀は肯定されねばならない。私はそう信じております。

映画史と『映画史』

先ほどもいいましたように、ゴダールは映画からまったく借りのない関係において『映画史』を作りたいと思っていたはずです。誰かに何かを教えてもらったなら、それに見合った何かを返さないといけない。つまりもらうだけの人間、贈与を受けただけの人間にはいたたまれなさを覚えているので、素晴らしい場面を自分に教えてくれた人たちの名前を、それで貸借関係が解消されるというかのように、何度も挙げている。そこには、「真の映画とは、見ることのできない映画だった」という遅刻者ゴダールの確信があるからですが、見ることのできない映画が何であるかを教えてくれた先輩たちの名前を、ゴダールは「3b」で三人挙げています。フランク・ボゼージの『鴉の女（The River）』（一九二八）の素晴らしさを教えてくれたジャン

＝ジョルジュ・オリオル、エイゼンシュテインの『メキシコ万歳（Que Viva Mexico!）』（一九三〇－三二／一九七九）の素晴らしさを教えてくれたジェイ・レダ、そしてムルナウの『サンライズ（Sunrise）』（一九二七）の素晴らしさを教えてくれたロッテ・アイスナーの三人です。ここには、時間に間に合わなかった世代に属するゴダールの未知の作品に対する嫉妬と、それを教えてくれた先達たちへの借りを返して貸借関係を零にしたいという欲望とが交錯しています。そのなかで最も素晴らしいシーンのひとつをこれから見ていただきたいと思います。

先ほどの『陽のあたる場所』は、大富豪の一人娘役であるエリザベス・テイラーが工場労働者、実は妻も子供もいる工場労働者を誘惑するという話ですが、これからご覧いただきますムルナウの『サンライズ』は、田舎でつつましく生活していたある夫婦の物語で、都会からやってきたひとりの悪い女性のために、夫が自分の妻を殺してその女性と一緒になろうという考えを抱くという話です。

実は先ほどの『陽のあたる場所』で不意に音楽が高まるシーンがありました。あの場面では、工場労働者が自分の妻を湖に連れていって殺害しようという、そのようなことを思いつき、エリザベス・テイラーが「何を考えているの？」と聞く場面でしたが、それは一九二七年の『サンライズ』でほとんど同じようなかたちですでに表現されていました。ここでゴダールが映画から何を教えられたかというと、市街電車です。その市街電車のほとんど夢幻的ともいえる登場ぶりをご覧いただきたいと思います。

そこに出てくるのはジャネット・ゲイナーという、一九二〇年代のハリウッド最大のスターで、彼女のところには日本人からのファンレターが一番たくさん寄せられたという人です。どこか日本人好みの顔をしております。ことによると夫は自分を殺そうとしているのかもしれないと当惑し、そこから逃げ、やっと夫を許す、という流れになりますが、その逃げる途中に不意に出現する市街電車。そしてその市街電車に乗って見知らぬ都会に着いたところまでを若干長めになりますけれどもあえてご覧いただきたいと思います。これは一九二〇年代の無声映画ですから、まだ生まれていないゴダールはもちろん封切り当時に見ることなどありえず、これが素晴らしいという話だけは聞かされていながら、かなりの時間がたってから初めて見て感動したというシーンです。ですから問題は、ここで『映画史』が、『サンライズ』の撮られた一九二七年について語っているのではないということです。『無防備都市』に心を動かされながら、そのとき自分がまだ『サンライズ』の素晴らしさを知らずにいたという、みずからの世代的な限界を、第二次世界大戦後の現実として語っているのです。

――ビデオ上映『サンライズ』

ここにも、断片を切りとってしまってはほとんど意味をなさないひとつの持続があります。茅葺きの家の前からボートを漕ぎだし、湖中でボートに乗っているときに夫に殺害されそうになる。そしてその妻が走って逃げていくと、あたかも彼女の走っていった方向が正しい方向であるかのように、救いとしての市街電車が嘘のよ

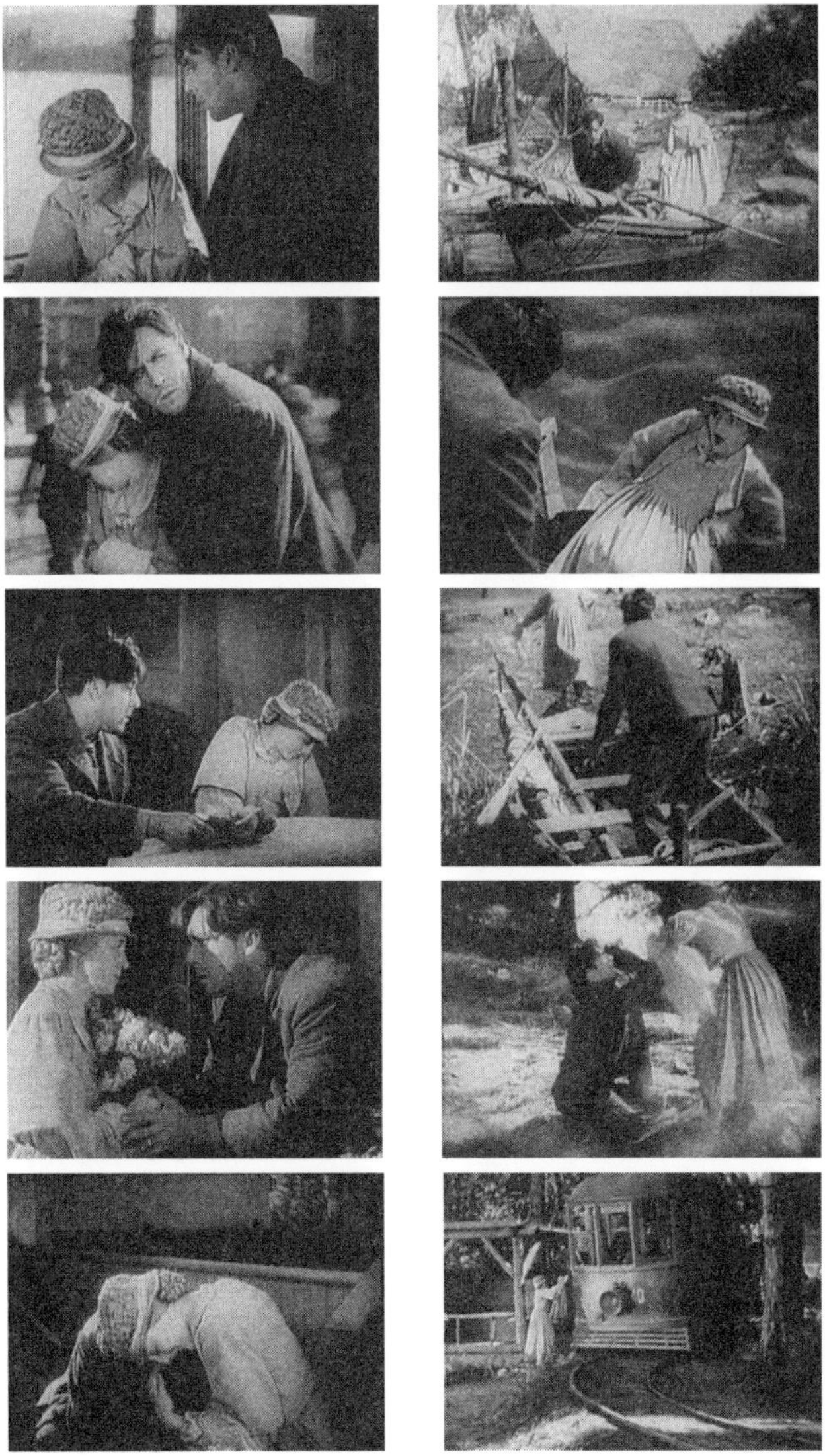

F・W・ムルナウ『サンライズ』

うに出現する。彼女は線路の存在、電車の出現を知っていたわけではなく、ただ走っていくと神の啓示のようにあの電車が出てくるのです。電車のなかでものをいわない彼女。そして都会に着いてふらふらと舗道にさまよいでると、そこを当時の最新の自動車が行き交っている。ここでも、ゴダールがいかに罪作りな断片化の人であるのかがよくわかります。こうした持続はひとつづきにして見なければほとんど意味のないところを、ゴダールは断片化して、市街電車の動きにしても、ほとんどそれとは見えないようなかたちで、しかし何度も引用しています。ですから、『サンライズ』の市街電車を見ていない方は、ゴダールによる『映画史』の引用部分を見ても何のことだかまったくわからない。ここでも私は断片の人ゴダールを呪います。

ゴダールはもちろんそのことを承知のうえであえて断片化している。『サンライズ』の市街電車のシーンがどれほど優れた場面であるかということを年長の者から何度も聞いていたけれども、それを見ることができず、その見られない映画を嫉妬し続けたことがひとつの映画史的な現実であるということを、ゴダールが『映画史』

のなかで表現しているのです。

時間があまりなくなってきましたので、若干飛ばさざるをえませんが、マルグリッド・デュラスも出てまいります。ゴダールとデュラスとの関係は何とも特殊なものでありまして、彼女の写真や声が何度も出てきます。

次に二つ続けて見ていただきますが、いずれもジャンヌ・ダルクです。

ジャンヌ・ダルク

——ビデオ上映『裁かるるジャンヌ（La Passion de Jeanne d'Arc）』

カール・ドライヤーの一九二八年の作品です。最近、スピルバーグの『マイノリティ・リポート（Minority Report）』（二〇〇二）のなかで、このぐりぐり坊主を真似した女優が出てきますが、処刑される直前のルネ・ファルコネッティの表情の高貴さには到底追いついておりませんでした。『女と男のいる舗道』のアンナ・カリー

カール・ドライヤー『裁かるるジャンヌ』

ナがスクリーンに目をやって涙ぐんでいたシーンを思い出してください。これには、アントナン・アルトーも出てきますね。

続けてロベール・ブレッソンの『ジャンヌ・ダルク裁判（Le Procès de Jeanne d'Arc）』（一九六二）を見ていただきます。

――ビデオ上映『ジャンヌ・ダルク裁判』

実は、ゴダールの『映画史』に何度も登場していながら私があえてここに登場させなかった女優がひとりおります。それはイングリッド・バーグマンです。前回の『汚名』のときにもいいましたが、私はバーグマンという女優に対してある種の敵意というか、不信感を抱いておりますので、今回は登場させてやらない（笑）。彼女は、先ほどの『無防備都市』のアンナ・マニアーニからロッセリーニを奪った許しがたい女なのです。皆様は勝手に――いや、ご自由に――バーグマンのさまざまな作品を見ていただきたいと思いますが、ここではお見せしません。もっとも、彼女は映画でジャンヌ・ダルクを二度演じております。ひとつはハリウッドのビクター・フレミング版（『ジャンヌ・ダーク（Joan of Ark）』［一九四八］）。女優があられもなく本気になると、どれほど映画を凡庸化するかの典型といってよい、一番だめなジャンヌ・ダルクです。それからもうひとつは、アルトゥール・オネゲル原作のオラトリオ『火刑台のジャンヌ・ダルク』をロベルト・ロッセリーニが監督したもの（『同（Giovanna d'Arco al rogo）』［一九五四］）にも彼女は出ており、その一部は「4a」に挿入されているのですが、それについては語らずにおきます。

なぜジャンヌ・ダルクがこれほど『映画史』に引用されているのかについてですが、やはり、優れた映画作家が引きだした女性の魅力がスクリーンにみなぎっているからでしょう。ルネ・ファルコネッティにしても、フロランス・ドレーにしても、映画に出演したのはジャンヌ・ダルクとしてだけなのですが、たった一度の出演で忘れがたいイメージにおさまってしまいました。二人とも決して整った顔立ちではなく、いわゆる絵に描いたような美女ではありません。フロランス・ドレーは自分自

ロベール・ブレッソン『ジャンヌ・ダルク裁判』

身がこの映画のオルレアンの処女役に選ばれたことを驚いていたくらいです。ご覧いただくとわかりますけれども、この映画のなかの彼女の表情は、ほとんど斜め左の四分の三しか出ておりません。ロベール・ブレッソンが彼女を選んだときに、あるひとつの角度からだけでも彼女の最大の美しさを引きだすことができればそれでかまわないのだといって、ずっとその角度で撮っていたのです。フロランス・ドレーはその後作家になり、アカデミー・フランセーズの会員にまで選ばれてしまいました。私も親しくしている友人なのですが、私がゴダールを最終的に許さざるをえないのは、ファルコネッティのジャンヌ・ダルクのみならず、フロランス・ドレーの表情や手足の繊細さを何度も引用したからだ、ということにあるわけです。

映画史における貴重な瞬間への直感

次に、ロバート・アルドリッチ監督の『カリフォルニア・ドールズ（...All the

Marbles [The California Dolls]）』（一九八一）のあるシーンをお見せしましょう。ここでも、アルドリッチという監督の名のもとに召喚されているのは、女性たちです。

――ビデオ上映『カリフォルニア・ドールズ』

ゴダールの『映画史』には、知的な刺激、感性的な刺激が満ちており、またさまざまな問題も含んでおりますが、ある種の断片化を呪いつつ最終的にそれを許してしまうのは――といっても私が許したところでゴダールが喜ぶとも思えないのですが――いまご覧いただきましたこの馬鹿馬鹿しいまでに華麗なアルドリッチのこの場面を彼がぬかりなくその『映画史』に挿入していたからなのです。『カリフォルニア・ドールズ』は、『映画史』のなかでゴダールが引用した映画のなかで最も新しいもののひとつです（一九八一）。どのようなコンテクストでゴダールがこの華麗なる馬鹿馬鹿しさを『映画史』に導入したのか、とりわけ、女子プロレスといういままでのオルレアンの処女のイメージとはまったく違う雰囲気の場面を不意に導入することになったか。その理由を見ていて気がつかれた方、おられますか（会場、反応なし）。

実は、これを撮ったアルドリッチ監督はかつて非常に名高いある映画作家の助監督をしておりました。誰かといいますと、それはチャップリンです。『映画史』にはチャップリンの『ライムライト（Limelight）』（一九五二）演出中の写真が挿入されておりまして、その写真に助監督だったアルドリッチの姿もちらりと写っています。それが見えた途端にゴダールはこの引用へと移るわけです。もしそれがなくてもいつもどおりにゴダールのこの物騒な試みを誉めてやるつもりでいましたが（笑）、この場面の挿入によって、私はゴダールの『映画史』を全面的に受け入れることにいたしました。

「3b」の「新しい波」に不意に挿入されているこの『カリフォルニア・ドールズ』は、二人の女子プロレス選手の話で、そこにマネージャーのピーター・フォークが絡み、合衆国各地を転戦しながらなかなかチャンスにも恵まれず、悲しい話が続いていき

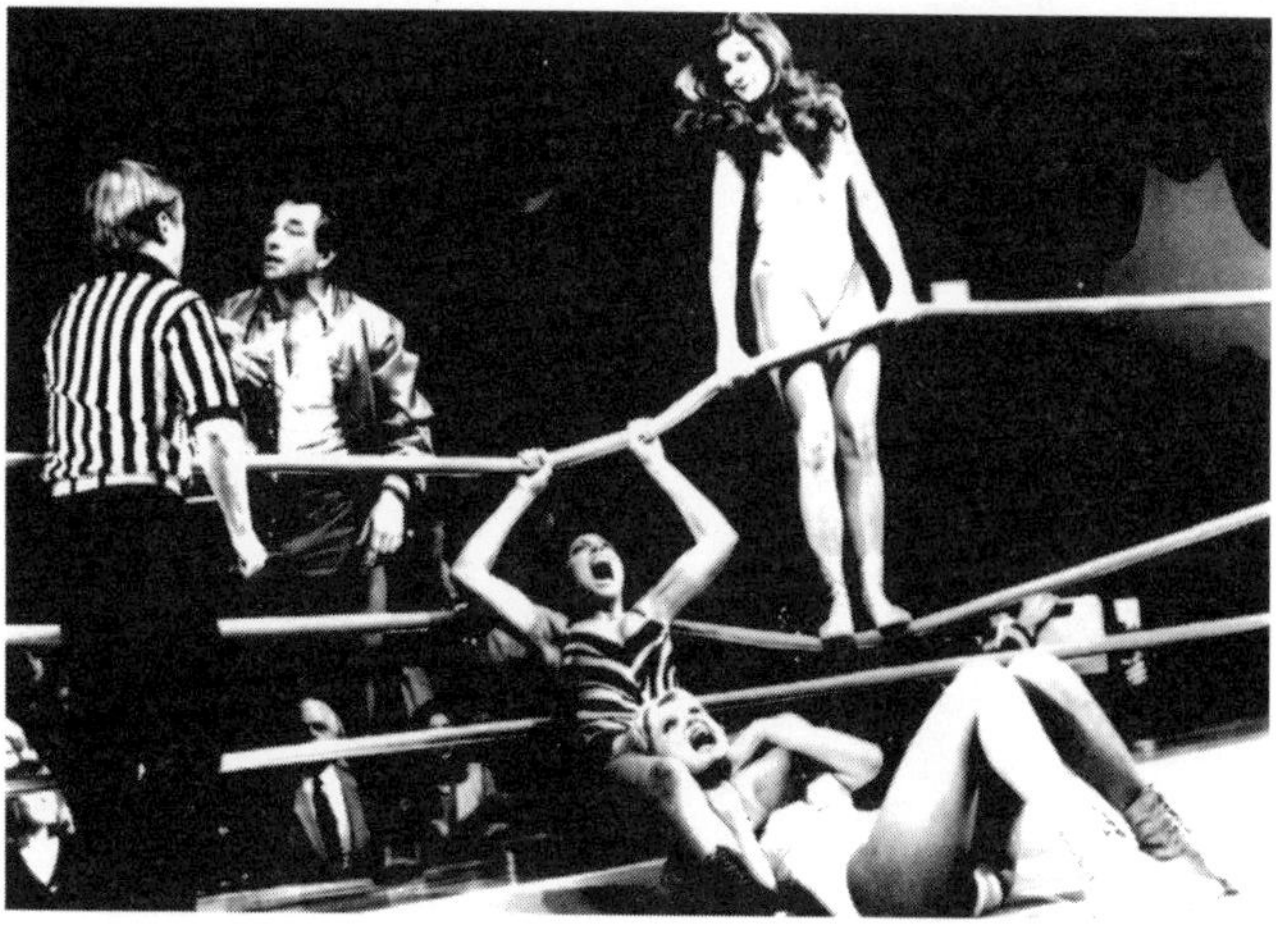

ロバート・アルドリッチ『カリフォルニア・ドールズ』

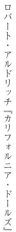

ます。アメリカの救いのない暗黒面がそっくり出てくるような話です。そうして最後にチャンピオンに挑戦しようじゃないかということで、いつも負けている二人が、今度は思い切り派手な衣装を着て登場してくるというシーンがあります。そしてその肉体の弾み方が、この種の見せ物としての、男性の視線の前に商品化された女性の肉体とはまったく違ういかにも誇らしげな弾み方をしていて、感動的なのです。これは、冒頭近くに引用されていた『ギルダ』のリタ・ヘイワースのあられもない踊りと、まさしく対照的な女性の肉体の賛美なのです。演出の手法はまったく異なっていますが、ここでのアルドリッチは、ドライヤーやブレッソンと同じ敬虔さで女性にキャメラを向けている。

自分の同時代の作品にはほとんど見向きもしなかった『映画史』のゴダールが、これだけは落とせないと確信するかのようにこの作品に触れていたことに、私は涙しました。私自身も映画について書き始めた若い時代にこの映画について触れておりますが、女子プロレスの映画ということで蔑視され、誰もまともに扱わなかったのです。すなわち、女子プロレスがどのように扱われ、どのように語られ、どのようにわれわれの感性を刺激するか、ということについてまったく触れずに、題材だけで人々は馬鹿にしたのです。この後、ゴダールが引用したところが出てきますから、若干長めになりますけれども、ゴダールがなぜそこを引用したのかということがわかる瞬間まで見て、そこでビデオをストップしたいと思います。

――ビデオ上映『カルフォルニア・ドールズ』

いままさにリング上を高々と飛翔して相手の体の上に落ちるところまでを、ゴダールが何度も見せているわけです。いまの上映も、彼女らが空中を舞っているところで止めていただけるとよかったんですが（笑）、ご覧いただきましたように、ここには何か下心のある興味本意の視点というのはまったくない。猟奇的な視点もない。女性の肉体に対する男性の餓えた性的な視線による軽蔑といったものもありません。この女性たちは視線の対象ですらなく、文字どおり運動する主体になっている。この二つの、というより四つの運動主体が晴れがましく弾む瞬間にゴダールが敏感だったことに感激いたしました。ゴダールがこの作品のこの部分を見落とさなかったのはやはり素晴らしいことですし、『映画史』を見ていて、あの空中を飛んで落ちる瞬間の誇らしげな女性の肉体を引用したゴダールの、断片化されてはいるものの、何が映画の歴史で真に貴重かということに関する直感的な確信を、私は正しいと思ったものです。

ジョン・フォード『捜索者』――ナタリー・ウッドへの視線

では最後に、ジョン・フォードが撮った『捜索者（The Searchers）』（一九五六）のナタリー・ウッドを二つのシーンから見ていただきます。実はこのナタリー・ウッド、すでに『映画史』には何度か登場しておりますが、この『捜索者』は、インディアンにさらわれた姪のナタリー・ウッドを探し当てようとする執念深い叔父（ジョン・

ウエイン）の話です。そしてゴダールは、その叔父と姪の再会のシーンを何度も引用しております。ちなみに、最近のゴダールにおけるジョン・フォード再評価の意義ですが、ゴダールが育った『カイエ・デュ・シネマ』的な環境では、その精神的な父ともいえる批評家のアンドレ・バザンが反＝フォード路線ともいうべきものをとっていたので、フォードは長らく、ほとんど理由もなく馬鹿にされておりました。ところがゴダールは実際に彼の作品を見てみて素晴らしいということを知り、ジョン・ウエインがナタリー・ウッドを抱き上げる場面を何度も引用することになります。

――ビデオ上映『捜索者』

ここでまず指摘しておかなければならないことがあります。ジョン・フォードにおいては、何かものが投げられると、あるいは何か持っていたものを手放すと、必ず事件が起こります。ジョン・ウエインが砂漠の池のような水面に向かって石を投げた途端に斜面の上に女性が現われてくる。小さな影がさらさらと流れ落ちる砂の斜面に足をとられながら近づいてくる。それがナタリー・ウッドであることは明らかです。『映画史』とはやや離れますが、ここでの女性はまさしく水面に投げられた石によって召喚されるのです。兄のジェフリー・ハンターが彼女を救おうとするのですが、インディアンの居留地で彼女がすっかりインディアン化しているのを見ていたジョン・ウエインは殺そうとする。そのとき、彼に矢を射たインディアンは、反撃するジェフリー・ハンターの一撃で馬から転げ落ちます。この一連の流れが素晴らしい。もっとも、『捜索者』が撮られたころ、実はアメリカ映画でインディアンを悪者として描くということはむしろ下火だったわけですが、イーサンというジョン・ウエインが演じる男は、インディアンをひたすら憎み、そしてインディアンのものになってしまった姪を殺そうとする、狂気に満ちた男として描かれているのです。しかし最終的にその男が彼女を抱き上げて帰郷の途につくまでを見ていただきたいと思います。

ジョン・フォード『捜索者』

――ビデオ上映『捜索者』

ジョン・ウエインがインディアンに攻撃を仕掛け、逃げるナタリー・ウッドを追っていきながら、最後には彼女を抱き上げる。『捜索者』の冒頭で、少女時代の彼女を抱き上げたように。実はここにはゴダールなりの歴史がありまして、ちょうどこの映画がフランスで公開されたころ、アメリカの大統領選挙がありまして、バリー・ゴールドウォーターという実に困った右翼のおじさん――困ったといってもいまの人より困ったかどうかはわからないんですけれども――が共和党から出まして、ジョン・ウエインは彼を支援していました。ゴダールがいうには、ゴールドウォーターを支援するジョン・ウエインがどれほど嫌な奴かは充分承知のうえで、『捜索者』の最後でジョン・ウエインが最後にナタリー・ウッドを抱き上げ、そして胸に抱える瞬間には、いつも熱い涙を流してしまう、というわけです。

ゴダールがあるインタヴューでそういったのは、いまから四十年以上も前のことです。ところが四十年後のゴダールは、『映画史』に至るまで、ずっと同じ態度でいるわけです。ですから、断片的でありながらも一貫性があるという意味で、ゴダールはすごく気味が悪い。お前さん、『映画史』と同じことを一九六〇年代にいっていいただろう。それを二〇世紀の終わりの『映画史』に改めてとりあげたりしなさんな、といいたくなるくらいの気持ちです。

彼には、いったんそう思ったら生涯態度を変えないという奇妙な一貫性があるのです。それは、映画に対する彼の姿勢がほぼ半世紀近く変わらぬまま、『映画史』が撮られてしまったことを意味しています。ゴダールにとっての二〇世紀は、彼が映画を撮り始めた一九六〇年代の初めでほぼ終わってしまっているのです。さらにいうなら、彼にとっての二〇世紀は、彼が映画を見始めてから撮り始めるまでの一九四〇年から一九六〇年までの二〇年しか存在していないのです。それは、大量殺戮やホロコーストに対して映画が無力だったという事実の証言として、誠実といえば誠実だし、すべてを自分の体験に還元してしまうという点では、図々しいといえば図々しい姿勢です。しかし、そこには『捜索者』がもたらした感動という否定しがたい事実が存在している。

私は、いくぶんかの裏切りを働きつつ、ゴダールが涙を流したであろうところ、情動的な高まりを覚えたであろうところを、断片ではなく、持続として見せてしまいました。ゴダールはここで間違いなく泣いており、その点では見るたびに涙している私自身と同じくらいの馬鹿だと思いつつ、実は「泣くゴダール」こそが、『映画史』を作っていたということをお見せしました。

しかし、ここで見落としてはならない事実があります。『捜索者』のこの場面で、ゴダールは、あくまでジョン・ウエインがナタリー・ウッドを抱き上げていると思っている。だが現実には、これはナタリー・ウッドが空を背にして高々と上昇するイメージなのです。『映画史』が導入しようとしているのは、ジョン・フォードかもしれない。ジョン・ウエインかもしれない。しかし映画がスクリーンに描き出しているのは、一人の女性としてのナタリー・ウッドにほかなりません。彼女は、誇らしげに宙を舞って見せた『カリフォルニア・ドールズ』の二人のプロレス選手のように、あらゆる視線を惹きつける高みに位置しているのです。映画がここで擁護しているのは、おそらく、ゴダールの意志を超えて、監督のフォードでもなく、相手役のウエインでもなく、まさに火刑上のジャンヌにも似た高さに位置している一人の女性なのです。その事実を見落としてはなりません。

黄色いバラ

『映画史』の「4a」の「宇宙のコントロール」の冒頭には、カミーユ・クローデルからサラ・ベルナールまで、アンヌ＝マリー・ミエヴィルをのぞけば必ずしも映画とは関係のない女性の肖像写真が、ルー・アンドレアス＝サロメ、シモーヌ・ヴェイユ、ハンナ・アーレント、ヴァージニア・ウルフ、コレットと何人も映しだされます。これで、女性が『映画史』を浸食しつつあるさまが、明らかになってゆきます。

ゴダールがどれほど女性に惹かれているかということより、女性に対する執着を感情の流れを形づくる持続のうえでは絶対に出していないにもかかわらず、それが地下水脈のように『映画史』を潤わせているのは明らかでしょう。これまでは、すべてを断片化し、ときにはふっと画面に浮かび上がるようなものとして示したり、あるいは何か考えられないような他の映像と併置したり取り替えながら出てきた女性が、ここでひとつの主旋律を形づくり始めているのです。

『映画史』には、まだまだとりあげたい女性がたくさん出てきますが、最後に『映画史』のラストシーンを見ていただきたいと思います。

――ビデオ上映『映画史』

このようにしてゴダールの『映画史』は終わるのですが、夢のなかで手にした黄色いバラをそのまま持ち続けていたのは私だ、というわけです。ゴダールさん、あなたにバラは似合わないよ、と普通ならいうところでしょう。実際、黄色いバラは男が一輪持っていて絵になるものではありません。でもどうしてそういうことになったのでしょうか。これはもちろんボルヘスのお話からきているのですが、彼の顔が薄暗く見えているところに、あの黄色いバラがぼうっと浮き上がります。これをどのように解釈するかです。

実は『映画史』に登場する男優のなかでひとりだけ、花を一輪手に持つと絵になる人がいました。それはチャップリンです。チャップリンの映画には、いくぶん照れた顔をしながらも、彼が一輪の花を持っている場面がしばしば出てきますが、ここでのゴダールは自分がほとんどチャップリンのつもりでおります。実はあまり指摘されていない事実ですが、『映画史』ではチャップリンの登場回数が非常に多い。冒頭から、異常とも思われるほどの頻度でチャップリンが現われてきます。しかもチャップリンが誰かを見ているその視線の先の女性ではなく、チャップリンその人が出てくるのです。しかし実は、批評家時代のゴダールは、例えばヒッチコックを擁護したのと同じ熱烈さでチャップリンを話題にしたことはありません。もちろん、彼が『ニューヨークの王様（A King in New York）』（一九五七）を擁護したことはよく知られていますが、ハワード・ホークスに見せたような敬意をチャップリンに見せていたこともありません。ところが『映画史』には、「ゴダールとチャップリン」というひとつの問題体系が明らかに見えてくるので、そのことを皆様もお考えいただきたいと思います。ゴダールとチャップリンという大きな謎がひとつ残ったというのが、今日最後に指摘しておきたいひとつ目の事実です。

それからもうひとつ、あのバラはあたかも誰かが見たかのようなバラとして出てきます。その前にある女性のクローズアップが挿入されており、その次にあの黄色いバラがすうっと出てくる。それはオーソン・ウェルズとも結婚したことのあるシュザンヌ・クルーティエという素晴らしい女優なんですが、このシュザンヌ・クルーティエのクローズアップが『映画史』に出てくる最後の女性です。

シュザンヌ・クルーティエはカナダ出身で五〇年代のフランスで活躍した女優ですが、オーソン・ウェルズの『オセロ（Othello）』（一九五二）に主演したときの視線のなかに黄色いバラが浮き上がるということも、意味深長だと思います。そのことをお考えいただくことを宿題として、今日のお話を終わりたいと思います。

〈増補〉 映画をめぐる自由と拘束――この不条理への信仰

映画を見るためには、あらかじめ複数の拘束を受けいれる覚悟が必要となる。覚悟というほど大袈裟なものではないにせよ、ほとんどの場合、自宅を離れずに映画を見ることは不可能なので、こちらの思い通りに組まれているはずのない上映時間を確かめ、上映会場――映画館、試写室、それともメディアテーク、等々――までのおよその距離と経路を想い描いたうえで、何時に家を出ねばならぬかを律儀に考えておかなければならない。そのためには、起床時間や朝食をいつごろと想定しておけばよいか、誰かと会う場合は上映前にすべきか上映後がよいのか、財布にはどれぐらいの紙幣が入っていればよいか、いつどこで食事をとればよいか――午後一時に試写が組まれているときなど、ほかの人はいつ昼食をとっているのかと深刻に考えこんでしまう、等々――、厄介というほどではないにせよ、黙っていては解消されるあてもないいくつもの拘束が、これから映画を見ようとする人からその自由を容赦なく奪う。

上映会場に着けば着いたで、他人の頭でスクリーンが占拠されぬためにどこに座るべきかといった種類の拘束への対応が待ち受けている。画面を眺めるのに申し分のない位置にやっと席を確保できたとしても、隣に座る見知らぬ男女がいったい何を考えているかは皆目見当もつかない。アルノー・デプレシャン監督の『クリスマス・ストーリー』(二〇〇八)を見るときのように、女子マラソンの優勝タイムよりも長い時間をかけて赤の他人と同席し、しかも同じ方向に瞳を向けているのは、いかにも不気味な体験である。理由があって、あるとき劇場でふと後を振り返ったことがあるが、不特定多数の寡黙な男女がいっせいに同じ方向へ視線を向けているさまが何とも薄気味悪く、背筋に悪寒が走りぬけた。自分もそうした観客のひとりでしかないのだから、第三者の目には薄気味の悪い時空の成立に知らぬ間に加担していることになる。

そう、映画を見るということは、どこまでも薄気味悪く、徹底して不自由な体験なのだ。それを性懲りもなく生涯くり返せる男女は、いくぶんか倒錯的な資質の持ち主ではないかとさえ思う。実際、一昨日は、そのようないくつもの拘束をくぐり抜けて六本木の二〇世紀フォックスの試写室までトニー・スコット監督の『アンストッパブル』（二〇一〇）を見に行ったのだが、時間は充分すぎるほどあるはずなのに年甲斐もなく妙に心がせいて、思わずタクシーに飛び乗ったものだから、上映の三十分も前についてしまった試写室には人影もなく、ほぼ同世代の老齢の批評家がひとりぽつねんと座っているばかりだった。

誰もが倒錯的に耐えてみせるその不自由な薄気味の悪さは、社会生活をいとなんでいるかぎりは等しく受けいれざるをえないものなのだろうか。そうまでして受けいれた拘束にふさわしい貴重な何かを映画がもたらしてくれるはずだと、誰もが正当な理由もないまま確信しているのはいったい何故なのだろう。広く共有されているかに見えるこの確信はある意味で楽天的ともいえようが、客観的には不条理きわまりないものだ。あらゆる作品が面白いはずもなく、多くの場合はつまらないものであることを誰もが日々の経験として知っているからである。さいわい、『アンストッパブル』は期待通りに面白かったのだが、ごくつまらない映画のためにも、人は同じ律儀さで数ある拘束を受けいれている。

しかし、さしたる理由もないその確信がもろもろの拘束をひとまず忘れさせてくれるのだとすれば、映画を見に行くことは、社会的な体験である以上に、むしろ反社会的というほかはない不条理への信仰のようなものだといえる。この不条理への信仰が集団的に共有される場が映画館だとするなら、その暗闇には何やら不穏なものが漂っているといわざるをえない。そんな拘束から自由になるためなら、自宅でＤＶＤで映画を見ればよい、などといわないでほしい。ＤＶＤだって、電気やガスや水道のように、栓をひねれば自然に点灯したり、蛇口から水が流れ出てくるような簡単さで手に入るものではなく、どこかで買うか、誰かから借りるか、録画しておいたものを取りだすか、パソコンに向かってオンデマンドの処理をしなければならないからだ。

確かに、自宅のデッキにＤＶＤを挿入して画面と向かいあうことは、もろもろの拘束を抽象化するかに見える。好きな時間に見ればよいのだし、面白くなければその場でやめてもよいし、退屈すれば早回しで上映時間——文字通りの拘束時間——を短縮することもできる。だが、日常的な身振りとさして隔たっているわけではないその種の相対的な自由には、何よりもまず不条理への信仰が欠けている。薄気味悪さへの倒錯的な感性もそこには脈打っていない。意図せぬままに不穏さを遠ざけてしまうＤＶＤのこのあっけらかんとした屈託のなさが、どこかしら映画にふさわしからぬものに思えてならない。

断っておくが、コレクターを自負するつもりなどない私の家にも、生涯かけても見きれないほどの数のＤＶＤやＶＨＳが備わっており、平均すれば一日に三度以上はそれをデッキにかけている。ごく最近ＤＶＤやＶＨＳで見た作品を列挙するなら、ジャン・ドゥーシェ監督の『自転車に乗って（À bicyclette）』（二〇〇九）。これは、最後の出演作となったクロード・シャブロルを追悼するためである。それから、パスカル・ホフマン、ベニー・ヤアベルク共同監督の『ダニエル・シュミット――思考する猫（Daniel Schmid – Le chat qui pense）』（二〇一〇）。これは、スイスの二人の若い青年が、自国の映画作家へのオマージュとして撮ったドキュメンタリーである。そして、ジャン＝リュック・ゴダール監督の『ゴダール・ソシアリスム』（二〇一〇）。ある雑誌に連載中の映画時評を書くためにと、試写を見たあとに提供されたＤＶＤである。ただ、この絢爛豪華な光と音の饗宴は、スクリーンで見ないと生涯の損失となるだろうと老婆心ながらいいそえておく。

そのゴダールが半世紀近くも前に撮った『カラビニエ』（一九六三）は、フランス公開時に一八〇〇人しか観客を集めることのできなかった興行的な失敗作として記憶されている。フランス全土で入場者数の合計が二〇〇〇人以下というのだから、ほとんどの観客の顔がわれているも同然である。その一八〇〇人の一人が私であることは大した意味を持っていないが、現在の私の妻もその一人だったことがあとでわかった。その後、親しい友人となった男女の大半――そこには、フランス人のみならず、イタリア人もアメリカ人も含まれている――が、いずれも一八〇〇人の一人であったことがのちに判明する。一八〇〇人の一人となろうなどとは思いもせず、それぞれが、さまざまな拘束を受けいれつつ、不入りで上映が打ちきられる以前に映画館にかけつけていたのだ。その記憶が、いまなお私に、映画を見に行くという「どこまでも薄気味悪く、徹底して不自由な体験」を倒錯的にくり返させているような気がする。それは、いずれ消えゆく歴史的な振る舞いなのかもしれないが、映画館――せんだいメディアテークのスタジオシアターでもよい――に立ちこめているこの名状しがたい不穏さだけは、人類が見失ってほしくないと思っている。

初出：ことばをこえて――映像の力《副読本》
発行：せんだいメディアテーク、二〇一〇年一二月

あとがき

　ここにおさめられた三編のテキスト（編集部註：本文第一章から第三章）は、二〇〇二年秋から二〇〇三年初頭にかけて、せんだいメディアテークで行なわれた三回のレクチャーを文章化したものです。そのつど不特定多数の聴衆を前にして行なわれたスピーチは、大学での講義とは微妙に異なる緊張感をもたらし、集中力の配分にやや戸惑いはしたものの、言説の質においてはそれに劣るものではなかったと確信しています。貴重な他者としてこの言説を支えてくださった仙台の聴衆の方々に、心からの感謝を捧げずにはいられません。

　レクチャーは毎回ほぼ二時間、ビデオによる抜粋の上映をともなって行なわれました。コピーライトの問題から、抜粋上映された画面をすべて図像として紙上で再現することはかないませんでしたが、面倒な権利関係のクリアーのために途方もない時間とエネルギーを費やされたせんだいメディアテークの小川直人さん——彼はこのレクチャー・シリーズの仕掛け人でもあるわけですが——には、深く御礼する次第です。また、若い小川さんの大胆かつ繊細な仕事ぶりを背後で微笑とともに支えておられた当時のせんだいメディアテーク館長——わたくしは勝手にテク長と呼んで敬愛の念を表明しておりましたが——の奥山恵美子さんにも感謝の念を捧げます。

「映画における国籍」は、ＦＩＦＡ国際映画アーカイブ連盟の二〇〇二年春期大会（ソウル）で行なわれたフランス語による二十分ほどの発表「Cinéma asiatique, singulier et universal – *Oyuki la vierge* de Mizoguchi dans le réseau intertextual filmique」を発展させたもので、このフランス語ヴァージョンは、加筆訂正されたかたちで、フランスで刊行された書物『La modernité après le post-moderne』（sous la direction de Henri Meschonnic et Shiguehiko Hasumi, Maisonneuve et Larose, 2002）に収録されてい

ます。「映画における演出」は、二〇〇二年の日本英文学会春期大会でのヒッチコックをめぐる短いレクチャーを発展させたもので、わたくしとは無縁のこの学会のシンポジウムへの参加に声をかけてくださった京都大学の加藤幹郎教授に、ここで感謝を捧げます。「映画における歴史」は、メディアテークではやや時間がたりず、充分に論じきれなかった部分を補足してあります。

このレクチャーが書物となるにあたっては、NTT出版の本田英郎さんのお世話になりました。本田さんとは、「小津安二郎生誕一〇〇年記念国際シンポジウム」のためのプログラムブック（『OZU 2003』）制作のときからの戦友ですが、そのこまやかな心遣いによって本書が成立したことは、あるとき個人的な事情から映画評論家廃業を宣言したことのある人間として、きわめて感慨深いものがあります。ありがとうございました。なお、せんだいメディアテークでのレクチャーを機に、いささか挑戦的な「あなたに映画を愛しているとは言わせない」（https://mube2.jp/）というウェブ・サイトを有志の方々とともに立ち上げました。運営には、前記の小川さん、本田さんをはじめ、編集の高田明さん、デザインの秋山伸さんがかかわっておられます。「映画を愛している」と信じている方々の訪問を排除するものではありませんので、どうか御閲覧下さい。

著者

二〇〇四年七月

増補新版のためのあとがき

この増補新版のもとになる書物の「あとがき」にも記したことですが、この書物の著者は、「あるとき個人的な事情から映画評論家廃業を宣言したことのある人間」にほかなりません。一九九七年からほぼ四年間、映画を見ることを自分に禁じねばならない職業的な事情がそこに介在していたからです。四年ものあいだ新作映画から遠ざかっていた個体が映画評論家という役割にふさわしくあるためには、その倍の八年もの歳月が必要とされるでしょう。ところがそのときすでに六十歳を超えていたのだから、それは無理な話に決まっていました。

自他ともに、文字通り再起不能と思われていながら、映画と取り結ぶべき新たな関係を模索しつつあった元映画評論家にとって、この書物は、いわば回復期ともいうべき一時期に行なわれた奇蹟的というほかはないレクチャーをもとにしています。書けないまでも、せめて語ることならできるかもしれない。そのわずかな希望をかなえてくれたのは、せんだいメディアテークというほとんど——わたくしにとっては——未知の文化施設だったのです。その後、仙台市長になられたテク長の奥山恵美子さん、そして同施設の仕掛け人にふさわしくときに不可視の存在の如く、人目には見えない糸を引いておられた小川直人さんには、改めて御礼の心を捧げます。

さいわいなことに、その後、映画評論家としてどうやら病気から回復したらしい著者は、原著に続いて本書の再刊行に尽力された本田英郎氏には、感謝を超えた特別な心の高まりを禁じえません。いまや八十歳を遙かに超えたわたくしよりも遙かに若い世代の方々とこうして一緒に——改めて——お仕事ができるのですから、まったくもって運がよいとしかいえません。その運のよさを、たんなる僥倖にとどまらず、映画にこそふさわしい楽天性としてとらえなおすとき、著者が映画評論家であろうとなかろうと、映画に対して尽きることのない執着をいだき続けることの言葉にはしえない心の高まりを、読者の方々にも向けて改めてお送りしたく思います。

二〇二〇年三月三日

著者

著者略歴

蓮實重彦（はすみ・しげひこ）

映画評論家、フランス文学者。一九三六年東京生まれ。一九六〇年東京大学仏文学科卒業。一九六五年パリ大学大学院より博士号取得。一九八八年より東京大学教養学部教授。一九九七年より二〇〇一年まで東京大学総長。一九九九年フランス政府「芸術文化勲章」を受章。主な著書＝『反＝日本語論』（筑摩書房、一九七七年／ちくま文庫）、『フーコー・ドゥルーズ・デリダ』（朝日出版社、一九七八年／河出文庫）、『映画の神話学』（泰流社、一九七九年／ちくま学芸文庫）、『表層批評宣言』（筑摩書房、一九七九年／ちくま文庫）、『映像の詩学』（筑摩書房、一九七九年／ちくま学芸文庫）、『映画　誘惑のエクリチュール』（冬樹社、一九八三年／ちくま文庫）、『映画はいかにして死ぬか』（フィルムアート社、一九八五年）、『ハリウッド映画史講義』（筑摩書房、一九九三年／ちくま学芸文庫）、『映画狂人』シリーズ（河出書房新社、二〇〇〇年–）、『「知」的放蕩論序説』（河出書房新社、二〇〇二年）、『監督小津安二郎　増補決定版』（筑摩書房、二〇〇三年／ちくま学芸文庫）、『ゴダール革命』（筑摩書房、二〇〇五年）、『表象の奈落』（青土社、二〇〇六年）、『赤の誘惑』（新潮社、二〇〇七年）、『映画崩壊前夜』（青土社、二〇〇八年）、『映画論講義』（東大出版会、二〇〇八年）、『随想』（新潮社、二〇一〇年）、『映画時評　２００９－２０１１』（講談社、二〇一二年）、『「ボヴァリー夫人」論』（筑摩書房、二〇一四年）、『伯爵夫人』（新潮社、二〇一六年、三島由紀夫賞受賞／新潮文庫）、『増補版　ゴダール　マネ　フーコー』（青土社、二〇一九年）など。また編集誌に、『季刊リュミエール』（筑摩書房、一九八五－一九八八年）、『ルプレザンタシオン』（筑摩書房、一九九一－一九九三年）などがある。

映画への不実なる誘《さそ》い

国籍・演出・歴史　増補新版

二〇二〇年三月二三日　第一刷印刷
二〇二〇年三月三〇日　第一刷発行

著者　蓮實重彦

発行者　清水一人

発行所　青土社
〒一〇一-〇〇五一
東京都千代田区神田神保町一-二九　市瀬ビル
［電話］〇三-三二九一-九八三一（編集）
〇三-三二九四-七八二九（営業）
［振替］〇〇一九〇-七-一九二九五五

装幀　秋山伸

印刷・製本　ディグ

ISBN978-4-7917-7258-2　C0070